UN GRAND WEEK-END
À PARIS

# Un grand week-end à Paris

«Paris… ? Vous allez à Paris… ? » Il y a dans le regard de ceux qui posent la question un désir, une nostalgie. Il faut dire que peu de villes au monde ont reçu tant de séduction en cadeau. À chaque coin de rue un artiste est né, un écrivain a vécu. C'est à Paris que s'est écrite l'histoire du pays tout entier et il n'y a guère de monument auquel ne soit rattaché un souvenir national. La décentralisation n'y fait rien, c'est encore à Paris que s'élabore la politique du pays, que se prennent les décisions, c'est de Paris que rayonnent l'information, les idées, la mode et ses caprices.

Chaque promenade dans la Ville-lumière est prétexte à traverser des quartiers qu'on vient voir des quatre coins du monde, par charters entiers, et qui s'offrent à qui sait le regarder. Les rues se succèdent, majestueuses ou secrètes : partout le passé a laissé des merveilles, fastueux décors d'une époque où l'on cultivait le goût avec un sens inné du chef-d'œuvre, humble ou monumental.

À Paris il faut jouer les curieux, lever le nez. Au coin d'une rue, admirer la tourelle d'angle d'un hôtel Renaissance ; suivre les arabesques d'un balcon rocaille ou les volutes d'une fenêtre Art nouveau ; s'arrêter aux vitrines des magasins et pousser la porte des boutiques de charme. Prendre le temps de regarder frémir, sur les pierres de l'île Saint-Louis, la lumière reflétée par la Seine et s'arrêter devant un relief que le soleil souligne, en dévoilant sa douceur ou sa force, puis, soudain, se laisser prendre par un rire à la terrasse d'un café.

C'est que la ville n'est pas un décor inanimé, ses paysages servent de toile de fond aux Parisiens pressés et stressés qui trouvent pourtant le temps de cultiver l'art de vivre de jour comme de nuit. Les restaurants, gastronomiques ou non, les brasseries, les terrasses des bistrots et les bars sont leurs étapes favorites, du premier petit noir au dernier verre.

Laboratoire national de l'innovation, Paris produit, inspire et alimente un immense marché de l'art, de la mode et de la décoration où les créations se succèdent. Architectes, décorateurs, designers ou stylistes rivalisent d'imagination pour donner aux show-rooms, aux galeries et aux boutiques raffinement et originalité. Le spectacle se poursuit au-delà des vitrines : entrez sans hésitation, l'intérieur tient toujours ses promesses. Qu'on ait envie d'une paire de chaussures, d'un objet, d'un sac, d'une écharpe, d'un coupon de tissu, ou qu'on ait simplement envie de respirer un peu de cet «air de Paris», sans rien acheter.

Qu'on soit luxe ou provoc, classique ou tout le contraire, il suffit de chercher, au hasard, guidé par l'air du temps, les rumeurs de la mode, l'humeur du moment. Laissez-vous porter par la ville et les courants qui l'animent.

« Vous allez à Paris ?... Vous avez de la chance... »
Qui a dit : « *Paris sera toujours Paris* » ?

# Partir pour Paris

O n arrive à Paris et on en repart vers tous les coins de France, d'Europe et du monde entier. À pied, à cheval ou en voiture… ou plutôt...

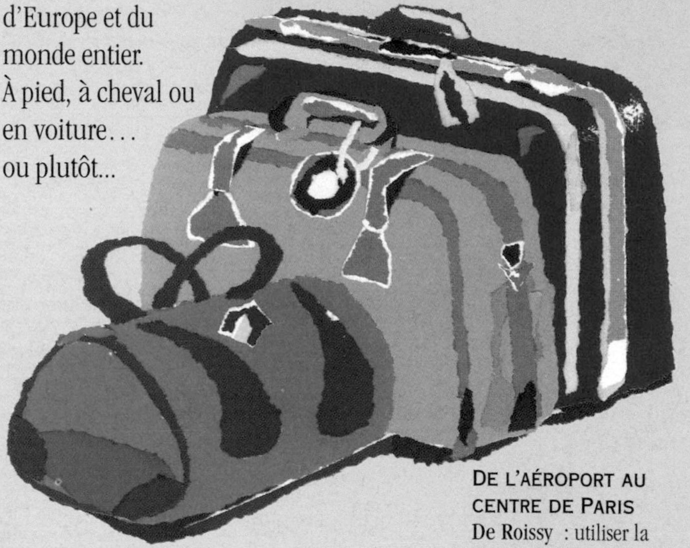

## EN AVION

Deux aéroports desservent la capitale : Orly (15 km au sud) et Roissy (30 km au nord). De Strasbourg, Toulouse, Lyon, Marseille, Nice, Bordeaux, Brest ou Clermont-Ferrand, vous arriverez à Orly. Les vols internationaux arrivent généralement à Roissy. Parmi les compagnies aériennes qui y atterrissent :

**Air France Air Inter**
119, Champs-Élysées,
75008 Paris
☎ 0 802 802 802 et
minitel 3615 AF.

## AOM
66, Champs-Élysées
75008 Paris
☎ 0 803 00 12 34 et
minitel 3615 AOM.

**Air Liberté**
17, rue de la Paix
75002 Paris
☎ 0 803 805 805 et
minitel 3615 Air Liberté

**Sabena**
19, rue de la Paix
75002 Paris
☎ 01 53 80 59 00 / 59 49.

**Swissair**
38, av. de l'Opéra
75002 Paris
☎ 0 802 300 400.

## DE L'AÉROPORT AU CENTRE DE PARIS
De Roissy : utiliser la navette et Roissy-Rail, le RER ligne B jusqu'à la Gare du Nord, Luxembourg ou Denfert-Rochereau en 35 mn. Départ toutes les 10 mn de 4h30 à 23h30 (env. 47 F) ; *Roissybus*, est un autobus qui relie Roissy à l'Opéra (env. 45 mn), de 5h45 à 23h, toutes les 15 mn (45 F). Les bus 350 et 351 de la RATP partent pour la Gare du Nord ou la place de la Nation toutes les 30 mn environ et mettent à peu près 50 mn, en fonction des encombrements. Les bus

Air France, qui circulent de 5h30 à 23h, vont de Roissy à la Porte Maillot, devant le Palais des Congrès, ou à l'Étoile, toutes les 20 mn (45 F à 65 F). En taxi, prévoir 250 F jusqu'au centre de Paris, mais le prix dépendra de la durée du voyage, c'est-à-dire de la circulation. Ajouter 5 F par bagage.

**D'Orly Ouest ou Sud** : prendre le métro automatique *Orlyval* jusqu'à Antony puis la ligne B du RER, qui fonctionne de 6h30 à 21h15, (46-57 F). *Orlyrail* (navette par bus puis ligne C du RER), 40 mn env. Un départ toutes les 15 mn, de 5h30 à 23h15 (28-32 F). Arrêts possibles à toutes les gares de la ligne dans Paris *intra-muros*. *Orlybus* est

## TRANSPORT ET SÉJOURS À PRIX RÉDUIT

La SNCF, les autocaristes, les compagnies aériennes et de nombreux voyagistes proposent des formules transport+logement. Celles-ci sont souvent plus avantageuses que si vous vous débrouillez tout seul. À budget identique, vous aurez parfois une meilleure catégorie d'hôtel, par exemple. Le revers de la médaille : le choix des établissements est moins étendu, et sont parfois un peu impersonnels, habitués à recevoir la clientèle des groupes. Si vous achetez un forfait avion+hôtel, le transfert de l'aéroport à l'hôtel sera souvent compris dans le prix : une économie non négligeable si vous voyagez en famille. Au départ de nombreuses villes de province, des vols à prix réduit sont souvent proposés par les voyagistes qui ont des lots de places sur des vols réguliers. Renseignez-vous dans votre agence de voyage.

un autobus direct jusqu'à Denfert-Rochereau. Il fonctionne de 6h à 23h, toutes les 15 mn (30 F). Les bus Air France,

conduisent d'Orly aux Invalides, arrêts possibles à la porte d'Orléans, à Montparnasse ou à Duroc (32 F). En taxi, compter au moins 150 F d'Orly au centre de Paris (en fonction de la circulation), supplément 5 F par bagage.

### EN TRAIN

Selon votre région de départ, vous arriverez dans l'une des six gares de la capitale (Lyon, Montparnasse, Est, Nord, Austerlitz, Saint-Lazare) ou l'une des trois gares d'Ile de France (Massy TGV, Marne-la-Vallée-Chessy, Aéroport Charles-de-Gaulle TGV). N'oubliez pas de réserver, surtout si vous prenez le TGV ou si vous partez un jour de pointe, ce qui est le cas le week-end. Pensez que certaines réductions sont accordées avec les cartes « jeune » (- de 26 ans), « senior » (+ de 60 ans) ou « Kiwi » (pour 1 à 4 personnes accompagnant un enfant de moins de 16 ans) mais aussi avec les billets « Découverte 12-25 »,

« Découverte à 2 », « Découverte J 30/J 8 », « Séjour » et « Congé annuel ». Compostez toujours votre billet lors de l'accès au train.

Les gares parisiennes sont toutes très bien desservies par les transports en commun. À la descente du

### RENSEIGNEMENTS SNCF

**Ligne directe :**
☎ 08 36 35 35 35
(2,23 F/mn)
Informations et vente Grandes Lignes (de 7h à 22 h).
**Ligne vocale :**
☎ 08 36 67 68 69
(1,49 F/mn)
Informations horaires Grandes Lignes (24h/24).
**Minitel :**
3615 et 3616 SNCF
(1,29 F/mn).
Information et vente Grandes Lignes.
**Internet :**
www.sncf.fr.
Informations horaires et tarifs.

### DEVISES

Le francs français est, bien sûr, la monnaie en vigueur dans tous les magasins, hôtels, restaurants, etc. En espèces, ou en traveller's chèques dans certains hôtels. Si vous venez de Belgique ou de Suisse, vous pouvez importer votre argent sans limitation ; toutefois, si vous dépassez 100 000 F la Banque de France doit être informée.

train, bus, métro et taxis (voir p. 29) vous conduiront à votre hôtel.

### EN VOITURE

Depuis l'instauration du régime centralisé dès le XVIe siècle, Paris est au

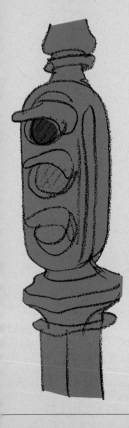

au parking de l'hôtel ou dans un parc de stationnement de la ville.

### EN CAR

Vous pouvez venir de Bruxelles à Paris en 4 heures, (300 F A/R) avec les lignes de la compagnie *Eurolines*. Vous arriverez à la gare routière de Bagnolet (M° Gallieni), ☎ 08 36 69 52 52.

# FORMALITÉS

### POLICE

Les ressortissants de pays membres de l'Union européenne passent la frontière avec leur seule Carte nationale d'identité ; pour les autres, le passeport est nécessaire, voire le visa. Renseignez-vous au préalable auprès du consulat de France dans votre pays d'origine avec le consulat du pays concerné. Si vous venez avec votre chihuahua préféré ou votre matou, emmenez son carnet de santé signé par le vétérinaire et prouvant que votre animal est vacciné.

### DÉTAXE

Les citoyens de pays extérieurs à l'Union européenne, âgés de plus de 15 ans, peuvent déduire la TVA du montant de leurs achats (à condition d'avoir dépensé plus de 2 000 F dans un même magasin). Mais tout n'est pas détaxable.

coeur du réseau routier français rayonnant. Petites routes ou autoroutes vous conduiront à une porte de Paris. Empruntez l'A 86 et le boulevard périphérique pour approcher au plus près de votre destination *intra-muros*, mais attention aux embouteillages. Pour connaître l'état de la circulation ou celui des routes, appelez le Centre d'informations routières, ☎ 08 36 68 20 00. Une fois sur place, à vous de voir si vous utilisez votre voiture ou si vous la laissez dormir

# PARIS SCÈNE

Vitrine des arts et de l'histoire, Paris est une grande scène de théâtre qui se dévore des yeux. D'une rive de la Seine à l'autre, palais, monuments et églises témoignent d'un passé où le mécénat et la religion firent merveille. Les musées se suivent, chacun abritant des collections inégalées. Dans les rues, les façades s'ouvrent sur la peinture, les antiquités, la mode ou le design et les boutiques sont mises en scène par les plus grands décorateurs du jour.

## SCÈNE SUR SEINE

Miroir de la ville, la Seine est au cœur de l'histoire de Paris. Il suffit de la suivre pour remonter le temps. Notre-Dame et les rues avoisinantes, c'est encore le Moyen Âge. L'île Saint-Louis, les abords du Marais ont abrité ce qui comptait au XVIIe s. La Conciergerie a vu les derniers jours de la famille royale et le Louvre a connu les fastes de la royauté. La Concorde est la quintessence même d'une architecture XVIIIe s. sublimée ; plus loin, le Grand Palais, le Petit Palais opposent leur exubérance à la simplicité des Invalides et le palais de Chaillot témoigne de la dernière exposition universelle.

## SCÈNE INTERNATIONALE

À ce microcosme parisien qui fait et défait les modes, les communautés étrangères ont apporté leur touche. Paris est probablement la seule ville de France où l'on peut trouver, simplement en poussant une porte, un réel dépaysement. Les Russes ont leurs églises, leur conservatoire, leurs épiceries, leurs restaurants. Pakistanais et Sri-Lankais ont colonisé la rue du faubourg Saint-Denis. La rue des Rosiers, synonyme de tradition, est au cœur du quartier juif. À Barbès et à la Chapelle, les boutiques ont des allures de souks, et chez les Vietnamiens de l'avenue de Choisy ou de la rue de Belleville, les fruits exotiques débordent sur les trottoirs, faisant oublier un instant que l'on est encore en Occident.

## MISES EN SCÈNE

De galeries en boutiques, de cafés en restaurants, l'architecture intérieure porte la griffe des designers et des décorateurs les plus en vue, reflet d'une fin de siècle où la recherche et le raffinement accompagnent et supportent la commercialisation. C'est ainsi qu'Andrée Putman a signé le décor des magasins *Et Vous*, rue Royale ; l'Italien Citterio, l'espace

*Esprit,* place des Victoires ; Willmotte, celui de *Junko Koshino* ; Garouste et Bonetti, les salons du couturier Christian Lacroix ; Jean-Paul Gaultier, la mise en scène de la galerie Gaultier, faubourg Saint-Antoine ; Olivier Gagnère, le salon de thé *Bernardaud* ; Élizabeth de Portzamparc, le café de la Cité de la Musique...

## CÔTÉ COUR

À Paris, il faut pousser les portes et découvrir des lieux insolites où des arbres centenaires cachent aux

regards les façades patinées par le temps. Des magasins ont pris place dans des cours

enchantées, mêlant meubles, fleurs, tissus, objets, vêtements aux vestiges du passé. C'est *l'Étoile d'Or*, les maisons faubouriennes du XVIIIe s., faubourg Saint-Antoine (au 75), la librairie de *l'Arbre à Lettres* (au 62). L'ombre du catalpa et la verrière des tissus

Casal, rue des Saints-Pères (au 40), les ateliers du 21, avenue du Maine avec le fleuriste *Lieu-Dit*, le décorateur William Foucault. Rue Jacob, allez voir la galerie Mohanjeet dans la cour de Saxe, la galerie Triff (aux 12 et 35). Rue de Seine, ne manquez pas *Au Fond de la Cour* (au 49). Rue des Petits-Champs, *Marion Held Javal* (au 5). Rue Mouffetard, allez découvrir *Vivement Jeudi* (au 52).

### SCÈNE ITALIENNE

À Paris, l'Italie est à tous les coins de rue. Armani fait vitrine place Vendôme, à deux pas du Ritz, et s'apprête à ouvrir une nouvelle boutique place Saint-Germain-des-Prés, à la place du Drugstore Publicis. Prada, Sergio Rossi, Fausto Santini, Angelo Tarlazzi, Max Mara exposent leurs collections de la rue de Grenelle à la rue du Cherche-Midi. Gianfranco Ferre est avenue George-V et Versace voisine avec Hermès faubourg Saint-Honoré. Quant aux épiceries, traiteurs et restaurants, on en trouve par dizaines...

### BOUTIQUE DEYROLLE

Deyrolle (46, rue du Bac, M° Rue-du-Bac) est à Paris un lieu étrange et hors du temps. Depuis près de deux siècles, ceux qui aiment la nature connaissent cette adresse qui dissimule des richesses uniques en Europe. Taxidermie, entomologie, minéralogie..., on frôle les lions empaillés, les crocodiles et les serpents à jamais figés, avant de s'arrêter, fasciné par les couleurs d'un papillon de l'Équateur, d'un coquillage du Pacifique.

# PARIS PASSAGES

Traversant les maisons avec désinvolture, se faufilant discrètement d'une rue à l'autre, le passage est une invention parisienne. La Restauration, la monarchie de Juillet, spéculation immobilière aidant, en font une mode. On s'y promène, on s'y montre, on s'y donne rendez-vous. Aujourd'hui la foule a disparu, mais les passages ont gardé ce charme particulier auquel les Parisiens ne résistent pas.

### LE PRINCE PROMOTEUR

En 1785, le duc d'Orléans, apparemment à court d'argent, mit en vente les arcades qu'il avait fait construire dans son jardin du Palais-Royal. Il fit aussi relier la galerie de Montpensier à la galerie de Valois par un pont de bois qui se couvrit aussitôt de boutiques. Le « passage » était né, et avec lui le succès. Si bien qu'après la Révolution, spéculateurs et promoteurs en reprirent l'idée sur les terrains que la revente des biens nationaux venait de libérer.

### LES BEAUX JOURS

La galerie Vivienne, la galerie Colbert, la galerie Véro-Dodat ouvrirent en 1826. Aux plafonds percés de simples lucarnes de verre succédaient les verrières ; la vitrine s'élargissait, libérée de ses

montants de bois ; la fonte apparaissant lui donnait une solidité nouvelle. Le gaz, dès 1817, éclairait les passages qui brillaient de mille feux. La foule s'y pressait, attirée par les restaurants et les cafés, les librairies et les cabinets de lecture, les pâtisseries et les confiseries. On ne comptait plus les modistes et les couturières. La bourgeoisie, éblouie par un luxe désormais accessible, dépensait sans compter et venait danser les soirs de bal.

## LE DÉCLIN

Louis-Philippe au pouvoir mit fin à la prostitution et aux maisons de jeu qui pullulaient dans les jardins du Palais-Royal et on le déserta peu à peu. Pour les autres passages, ce fut le coup de grâce. L'urbanisation de la capitale sous Napoléon III, la pression foncière, la construction de bâtiments spectaculaires pour l'époque, la modernisation enfin, déplacèrent les centres d'intérêt de Paris et démodèrent ce qui l'avait enflammé. Dans le guide Baedeker de 1878, les passages de Paris ne sont même pas mentionnés.

## LE TEMPS RETROUVÉ

On flâne de nouveau dans les passages enfin rénovés. Des

## L'OUBLI

Le temps passait. Au début des années soixante, dans l'indifférence générale, la verrière de la galerie Vivienne s'effondrait sous le poids de l'ouvrier qui la réparait ; la galerie Colbert servait d'entrepôt et sa rotonde… de parking ! Finalement, dans les années 80, la mode s'installait place des Victoires et dans les rues avoisinantes ; les éditeurs de tissus, rue du Mail ou rue des Petits-Champs. Tout un monde à l'affût de la nouveauté redécouvrait le charme de ce quartier de Paris et de ses passages couverts à peu près oubliés depuis le siècle dernier.

boutiques de mode et de décoration ont pris la place des petits commerces que Balzac décrivait dans *Les Illusions perdues,* près des quelques libraires, brocanteurs ou artisans qui avaient réussi à survivre. Les cafés ont retrouvé leur clientèle, d'autres ont ouvert leurs portes. Une foule de

stylistes, de couturiers, de publicitaires, de journalistes, et tous ceux qui gravitent autour, s'y donnent rendez-vous, renouant ainsi avec une tradition qu'on croyait perdue.

## PASSAGES PRATIQUES

Pour la déco, la mode, les bouquins, on va galerie Vivienne (voir. p. 41). Le passage Choiseul offre un doux pêle-mêle, du prêt-à-porter à la téléphonie, des posters et des affiches aux jouets. Coups de cœur chic et mode, c'est la brocante, les antiquités, la maroquinerie ou l'édition dans la galerie Véro-Dodat (voir. p. 40). Le passage des Panoramas entre la rue Saint-Marc et le boulevard Montmartre vaut le coup d'œil. C'est facile d'y déjeuner ou d'y prendre un café. Les objets de curiosité de Thomas Boog et les idées-charme de Pain d'Épices font le bonheur du passage Jouffroy.
Les collectionneurs flâneront passage Verdeau à la recherche de dessins, de gravures, de cartes postales anciennes ou de vieux bouquins. Entre autres…

# PARIS FLEURI

Paris a toujours aimé les fleurs.
On pourrait imaginer, pour visiter la ville, un itinéraire de senteurs et de couleurs. Il traverserait les marchés, s'arrêterait devant les boutiques de quartier, passerait par les jardins publics et les avenues fleuries. Ce serait un parcours de feuillages et de fleurs, des plus simples aux plus rares, rythmé par les saisons, sans cesse différent. Une autre façon de voir, un air de liberté.

de la Révolution, les Champs-Élysées s'habillent de blé, le Syndicat des jeunes agriculteurs symbolisant ainsi en plein Paris la richesse de la France.

## PRÉLUDE ET FUGUE

Déjà, au XVIIe s., les hôtels du Marais ouvraient sur des parterres qui poursuivaient dans le paysage les lignes de leur architecture. Le jardin du Luxembourg de Marie de Médicis, très fréquenté au XVIIIe s. par les gens de lettres et les artistes, est resté tel que l'a finalisé Chalgrin au début du XIXe. Les Tuileries d'aujourd'hui retrouvent peu à peu l'ordonnance que leur avait donnée Le Nôtre, et quand on fête le bicentenaire

## UNE BONNE SITUATION

Il faut dire que Paris a tout pour être la capitale des fleurs : de l'argent, du goût, la nostalgie de la campagne et une situation de rêve au cœur d'une région horticole. Une tradition que la poussée des grands ensembles de banlieue n'est pas arrivée à détruire : Belle-Épine, L'Hay-les-Roses, Fontenay-aux-Roses, par exemple, rappellent par leur nom que le sud de la banlieue parisienne et la Brie voisine demeurent le centre des rosiéristes. Le Vexin est celui des plantes à bulbes qui alimentent la ville au jour le jour. Et les aéroports, où les avions déchargent par brassées les fleurs, venues du Midi, sont à une demi-heure à peine.

## JARDINS PUBLICS

Les jardiniers de la Ville de Paris entretiennent avec amour les plates-bandes et les parterres des quelque 400 jardins publics comme ceux des avenues. Les fleurs de

saison se succèdent dans les allées du Luxembourg. Les arbres centenaires et les roses de Bagatelle font courir tout Paris ; le jardin des Plantes reste un des lieux de l'horticulture parisienne ; la vallée des fleurs du Parc floral de Paris, au bois de Vincennes, se couvre de giroflées, de tulipes, de pensées et d'une collection d'iris unique au monde... Près de 100 000 plantes sont cultivées chaque année dans les magnifiques serres d'Auteuil à l'architecture Napoléon III, et les touristes photographient les massifs des Champs-Élysées hiver comme été.

## LA POLITIQUE DU VERT

La Mairie de Paris gère un patrimoine de quelque 3 000 hectares et de 600 000 arbres (ce qui fait un arbre pour 3,5 Parisiens...). Les horticulteurs municipaux « produisent » chaque année 3 100 nouveaux arbres, 215 000 plantes vivaces et grimpantes, 3 000 000 de plantes fleuries

ou vertes ! Dès qu'il est possible de récupérer un coin de verdure sur le béton, les paysagistes tentent, avec plus ou moins de bonheur, de mettre un peu de chlorophylle dans la ville : les Halles, le parc André Citroën, le jardin de Belleville, le parc de la Villette, le bassin de l'Arsenal... Sans oublier le dernier-né, la promenade plantée sur le viaduc Daumesnil, baptisée « Coulée Verte », qui relie la Bastille au bois de Vincennes.

## BOUTIQUES DE CHARME

Les fleurs répondent à ce goût du naturel qui marque l'art de vivre des années 90 comme une façon d'atténuer le bruit et la pollution de la ville. En dehors des marchés spécialisés, allez voir les plus belles chez :

■ **Christian Tortu**
6, carrefour de l'Odéon, 75006, ☎ 01 43 26 02 56

■ **Marianne Robic**
41, rue de Bourgogne, 75007
☎ 01 44 18 03 47
■ **Michel Léger**
69, rue de Grenelle, 75007
☎ 01 45 49 09 70
■ **Liliane François**
64, rue de Longchamp, 75016
☎ 01 47 27 51 52
■ **Olivier Pitou**
23, rue des Saints-Pères,
75006, ☎ 01 49 27 97 49
■ **Lambert-Bayard**
6, rue du Renard, 75004
☎ 01 42 72 17 40

Le raffinement et la sophistication de leurs bouquets contribuent à faire de Paris une ville de goût.

## MONCEAU FLEURS

**84, bd Raspail, 75006,**
☎ **01 45 48 70 10**
**M° Saint Placide ou Rennes**
**Lun.-sam. 9h-20h,**
**dim. 9h30-13h30.**
**Et aussi :**
**11, bd Henri IV, 75004,**
**92, bd Malsherbes 75008,**
**60, av. Paul Doumer**
**75016, 2, pl. du Gal**
**Koening 75017, 94, bd**
**des Invalides 75007**

C'est la chaîne de fleuristes préférée des Parisiens. Le choix est immense, les fleurs toujours fraîches, et les prix... imbattables ! Il n'est pas rare de trouver de belles roses à partir de 5 F pièce, et pour une centaine de francs, on vous fera un bouquet composé magnifique.

# PARIS INTELLO

« La France est le four où cuit le pain intellectuel de l'humanité », disait le cardinal Eudes de Châteauroux au XIIIe s.... Paris, qui en est devenu la capitale en 987 lors du couronnement d'Hugues Capet, n'a cessé de voir son prestige dépasser largement les frontières de l'Hexagone. C'est de Paris que partent les grands courants d'idées, les créations littéraires et artistiques, les mouvements de contestation. C'est à Paris qu'éditeurs, libraires, groupes de presse, télévisions et radios s'installent en priorité. Un parfum intello flotte sur les dîners en ville, et les restaurants se rappellent l'époque bénie où leurs clients s'appelaient Sartre, Cocteau ou Fitzgerald.

## À L'ORIGINE

Au Moyen Âge, déjà, Paris séduit les beaux esprits et joue son rôle de capitale. On y vient de province ou de l'étranger faire des études, et les collèges se multiplient autour de la Sorbonne ouverte en 1257. Le Quartier latin (surnommé ainsi d'après la langue dans laquelle on enseignait jusqu'à la Révolution) devient le siège de l'intelligentsia. La fondation du Collège de France, en 1530, ajoute à sa réputation ; la présence des universités attire les métiers du livre.

## LE RAYONNEMENT

Le rayonnement intellectuel de Paris ne cessera de grandir : les rois s'entoureront de penseurs, d'écrivains, de scientifiques, d'artistes. L'esprit français s'exportera au XVIIIe s., les idées de Rousseau et de Voltaire feront un tour d'Europe, les cours étrangères chercheront à imiter Versailles et les salons parisiens pratiqueront l'humour et l'intelligence avec

maestria. Le XIXe s. produira des monstres sacrés qui, par leurs romans, immortaliseront la société parisienne : Balzac, Flaubert, Zola, Eugène Sue... Le XXe s. débutant vivra à jamais dans les pages de Proust.

## LA LIBRAIRIE

À Paris, les bouquinistes ont beaucoup aidé à la diffusion du livre. En 1857, on en dénombrait soixante-huit ; un certain Laîné voyait passer

☎ 01 42 96 89 42) ; chez *Entrée des artistes* (161, rue Saint-Martin, 75003, ☎ 01 48 87 78 58), accueillis par les automates d'une étonnante collection. Le tour du monde se fait en images à *l'Astrolabe* (14, rue Serpente, 75006, ☎ 01 46 33 80 06), à la librairie *Ulysse* (26, rue Saint-Louis-en-l'Île, 75004, ☎ 01 43 25 17 35). Les livres se dévorent à la *Librairie gourmande* (4, rue Dante, 75005, ☎ 01 43 54 37 27). Et pour tout savoir sur la botanique, on va à la *Maison rustique* (26, rue Jacob, 75006, ☎ 01 42 34 96 60).

chaque année près de 150 000 volumes entre ses mains... La librairie, telle que nous la connaissons, n'existait pas encore. Doublée souvent d'une maison d'édition, elle faisait office de « cabinet de lecture » ou de « salon littéraire ». On pouvait y louer les ouvrages, les intellectuels s'y retrouvaient autour de livres fraîchement parus, on y lisait la presse étrangère enfouis dans des fauteuils, comme le faisait Stendhal chez Galignani.

## PARIS D'ARTISTES

Les rues de la rive gauche sont pleines de souvenirs. Balzac, au 17 de la rue Visconti, s'était lancé dans l'imprimerie et l'édition avant d'écrire lui-même. Au 24, Racine passa les dernières années de sa vie. Delacroix peignit place de Furstenberg. Le nom d'Oscar Wilde est lié à jamais à celui de l'Hôtel, rue des Beaux-Arts. L'abbé Prévost, auteur de *Manon Lescaut*, vécut 12, rue Saint-Séverin ; Alphonse Daudet et Charles Cros, 7, rue de Tournon. Pascal écrivit les *Pensées*, 54, rue Monsieur-le-Prince ; Sainte-Beuve habita Cour du Commerce Saint-André et Verlaine, rue de la Harpe.

## LA RIVE GAUCHE

Abélard (1079-1142), considéré comme le premier des philosophes français, évincé par les chanoines de Notre-Dame, traverse la Seine suivi de ses élèves et commence à enseigner rive gauche. Le Quartier latin est lancé... Aujourd'hui, la multiplication des facs et des universités de la périphérie n'a pas chassé les étudiants des Ve et VIe arrondissements. C'est là qu'ils trouvent leurs cafés préférés, les cinémas aux films intellos, les librairies universitaires et scientifiques. C'est là que l'intelligentsia parisienne se doit d'habiter.

## D'UNE SPÉCIALITÉ L'AUTRE

L'un des avantages de Paris est d'offrir de quoi satisfaire tous les goûts de lecture. Les piqués de théâtre passent des heures à la *Librairie théâtrale* (3, rue Marivaux, 75002,

## PARIS CAFÉS

P aris ne serait pas Paris sans ses cafés. Du Trocadéro à Saint-Germain, de Montparnasse à la Bastille, aveugles et sourds, ils jouent les témoins silencieux pendant que la capitale s'agite. Que de mondes réinventés un verre à la main, d'idées débattues sur le zinc, de déclarations murmurées autour d'un guéridon... Au XVIIIe déjà, Voltaire et Rousseau se croisaient au *Procope*, rue des Fossés-Saint-Germain.

### CAFÉS ET POLITIQUE

Le café devenait vite l'endroit idéal où débattre et discuter des idées à la mode ; Diderot et d'Alembert auraient lancé l'*Encyclopédie* au *Procope*.

Les révolutionnaires de tous bords, Camille Desmoulins en tête, hantaient les cafés du Palais-Royal. Au XIXe s., les beaux esprits des grands boulevards se retrouvaient chez *Tortoni*. Plus près de nous, Trotski prêchait à la *Closerie des Lilas*, Jean-Paul Sartre et Simone de Beauvoir définissaient, au *Café de Flore*, l'esprit contestataire.

### LE PREMIER CAFÉ

Paris devait attendre 1684 pour avoir son café, après Venise et Marseille. Et encore, c'était un Sicilien qui l'ouvrait, le signor Procopio. Le succès était foudroyant, d'autant plus que la Comédie-Française s'installait de l'autre côté de la rue et que les Parisiens, entre deux spectacles, prenaient goût à cette nouvelle boisson qui venait d'Orient. On dit que Racine écrivait ses pièces de théâtre la tasse à la main.

de Paris accorde un passage de 1,40 m à 1,60 m). Les Américains qui découvraient la ville après la dernière guerre raffolaient de ces terrasses improvisées. Le cinéma des années 50 nous les montre et remontre. Souvenez-vous d'*Un Américain à Paris* ou de *Funny Face*, des images en noir et blanc des films de la Nouvelle Vague... Terrasses de bistrot ou terrasses à la mode, elles sont uniques au monde et vivent de l'air du temps. Les plus « m'as-tu-vu » sont des scènes de théâtre où chacun est tour à tour acteur et spectateur ; le téléphone cellulaire y fait fureur ces temps-ci.

## UN PEU D'HISTOIRE

Au terme de la retraite de Russie, les cosaques poursuivent les armées de Napoléon jusque dans Paris qui est occupé par les Russes, les Prussiens et les Autrichiens. C'est à cet épisode historique que l'on doit l'origine du mot « bistrot ». Pour boire un verre rapidement, les cosaques entraient dans les auberges ou les estaminets en hurlant « bistro, bistro... » qui signifie « vite » en russe. Le nom est resté et la légende rapporte que les Parisiens ont ajouté le « t » à la fin du mot pour pouvoir appeler la femme du patron de café... la « bistrote ».

*de Flore*, comme André Breton, Albert Camus et bien d'autres. Un roman, une pièce de théâtre naissait de leurs échanges, de leurs observations.

## TERRASSES DE PARIS

Au premier rayon de soleil, les tables sortent des cafés, disputant les trottoirs aux piétons (auxquels la Mairie

## GARÇON !

Dans certains établissements, jusqu'à la fin des années 30, le garçon de café achetait son tablier comme on achète une place ou une charge... Nœud papillon, gilet à poches et tablier blanc tombant sur les chaussures ou veste blanche et pantalon noir, il parcourt souvent de 10 à 20 kilomètres par jour en allers et retours incessants d'une table à l'autre. Il est un peu « l'oreille » du consommateur, parfois le confident, celui qui sait ou qui devine sans le laisser paraître, le discret que les conversations effleurent. Chaque année, la Mairie de Paris et le Syndicat des Cafetiers parrainent pour lui la « course des garçons et serveuses de cafés » dans les rues de la capitale mettant, ainsi en évidence leur rapidité et leur adresse.

## CAFÉS D'ARTISTES

Les écrivains, les peintres faisaient les beaux jours des cafés de Montparnasse et de Saint-Germain-des-Prés. Apollinaire passait d'un quartier à l'autre ; Modigliani payait ses dettes à *La Rotonde* en donnant des tableaux, quatorze toiles en tout, brûlées à sa mort... Truman Capote, Ernest Hemingway avaient leur table à la *Closerie des Lilas*. Ils allaient aussi au *Café*

# PARIS GOURMAND

Capitale d'un pays riche où la culture, l'élevage et la pêche comptent beaucoup, Paris ne pouvait échapper à la gourmandise. Les rois et les princes s'attachaient les plus grands cuisiniers ; les meilleurs pâtissiers inventaient les délices qu'on connaît encore aujourd'hui. La littérature témoignait de marchés abondants, d'engouements passagers, de folies culinaires. De vitrine en vitrine, de salé en sucré, la tentation l'emporte ; on entre, on achète, on goûte : c'est bon et c'est Paris.

à l'exotisme. Hédiard commence, en 1860, avec « le Comptoir d'Épices et de Colonies », rue Notre-Dame-de-Lorette ; on y trouve... des épices, des fruits du bout du monde, des légumes jamais vus. En 1886, Auguste

Fauchon installe sa charrette des quatre saisons place de la Madeleine et séduit la ville avec des produits régionaux. On connaît la suite...

*Les anciennes Halles de Paris au XIXe s.*

## LE VENTRE DE PARIS

En 1855, à la demande de Napoléon III, on avait construit les Halles, architecture de fer dessinée par Baltard, gigantesque marché qui nourrissait la ville. Dans les cafés et les restaurants voisins, les noctambules venaient finir leur nuit au coude à coude avec les forts des Halles. Paris perdit une partie de son âme quand, en 1969, les Halles s'exilèrent à Rungis. Deux cent trente-deux hectares de marchés aux portes de la ville d'où partent, jour après jour, quelque vingt-huit mille véhicules qui vont alimenter un Français sur cinq...

## ÉPICERIES FINES

Des épiceries d'un genre nouveau ouvrent leurs portes au XIXe s. et Paris prend goût

## TRADITION GOURMANDE

Déjà, vers 1550, le pâtissier chantait dans les rues : « Et moi, pour un tas de friands...

tous les matins je vais criant échaudés, gâteaux, pâtés chauds ! » C'est à Paris qu'au XVIIe s. Ragueneau inventait les tartes amandines ; Vatel, la crème Chantilly ; Carême, au XIXe s., le nougat, les meringues, les croquants. En 1830, le fondant apparaissait et, en 1835, les marrons glacés. À la même époque, chez Sergent, rue du Bac, le millefeuille faisait fureur. 1865 découvre la crème au beurre chez un certain Quillet.

## UN AMOUR DE CHOCOLAT

Le chocolat arrive à Paris dans les bagages d'Anne d'Autriche

via l'Espagne des conquistadors, et la première fabrique en « liqueur ou pastilles » ouvre ses portes en 1659. Il est alors chic et snob, et la marquise de Sévigné en parle dans ses lettres. Aujourd'hui, Paris compte les meilleurs chocolatiers : Robert Linxe, Christian Constant, Pierre Hermé pour Fauchon, Dalloyau, Lenôtre, Debauve et Gallais. Le plus connu des salons de thé, *Angelina*, sert un chocolat onctueux pour lequel on fait la queue les après-midi d'hiver. Paris a même son « Club des Croqueurs de Chocolat », une société gourmande à responsabilité limitée.

## LE GOÛT DE L'EXOTISME

Paris est la seule ville de France où trouver aussi facilement ce qui se mange partout ailleurs. Afrique et Antilles, Asie et Méditerranée, Amérique et Russie, Proche-Orient, Scandinavie…, les boutiques se sont multipliées, offrant le meilleur des traditions lointaines à une clientèlc avide de sensations. Les fruits, les légumes, les

épices, lcs condiments, les charcuteries, les sucreries : le tour du monde dans une assiette.

## PAIN, BRIOCHE ET VIENNOISERIE

Même si on le prend sur le zinc avec le café du petit déjeuner, le croissant n'a rien de parisien ; c'est une de ces « viennoiseries », si bien nommées, importées d'Autriche. La brioche, quant à elle, est bien une création parisienne depuis 1690, tout comme la baguette, dans sa version 250 g, qui apparaît dans les années 60. On appelle aussi « parisien » le pain de 400 g fait de farine blanche qu'on pétrit d'après une technique particulière.

# PARIS FOUINEUR

Le samedi matin, Paris s'habille couleur muraille et se glisse aux puces, à la recherche d'occasions inespérées. Les meubles et les objets s'étalent sur les trottoirs, débordent dans les allées, s'accumulent sur les étagères. La chasse est ouverte au paradis des fouineurs et des collectionneurs.

## PETITE HISTOIRE DES GRANDES PUCES

Tout avait commencé avec les chiffonniers qui s'étaient installés à la fin du siècle dernier au-delà des fortifications de Paris, histoire de ne pas payer l'octroi en rentrant dans la ville. Ils avaient choisi Saint-Ouen où descendaient, pour aller aux bals, les gens qui habitaient la colline de Montmartre. Une certaine bourgeoisie en mal d'émotions fortes s'encanaillait dans ces guinguettes et ces cafés et se joignait aux curieux devant ces déballages invraisemblables de chiffons et de bric-à-brac. D'observatrice, elle allait vite devenir cliente et lancer une mode. Les puces étaient nées, c'était en 1891 ; elles n'allaient plus s'arrêter de grandir.

## LE STYLE PUCES

Les apparences sont parfois trompeuses. Même s'il saucissonne et tape le carton devant le stand style Armée du Salut, le marchand des puces est souvent un bourgeois ou un aristo qui se cache derrière un air popu. Il trouve dans ce métier une liberté, une satisfaction qu'il n'aurait pas ailleurs. N'imaginez pas faire des trouvailles à bas prix, vous avez affaire à un véritable professionnel qui connaît sa marchandise et son juste prix.

Aux puces, habillez-vous décontracté et soyez passe-partout, façon sport. Restez simple et naturel, prenez un air indifférent et surtout ne dites pas ce que vous cherchez.

## PUCES DE SAINT-OUEN : MODE D'EMPLOI

Le monde entier passe sur les puces de Saint-Ouen, stars comprises, piétinant avec courage et délice près de trente hectares sur lesquels sont posés les stands de quelque 2 500 marchands répartis en dix marchés (sans compter l'Usine, réservée aux professionnels).

Au total, c'est le plus grand marché d'antiquités du monde ! Inutile de se lever à l'aube, la plupart des boutiques ouvrent vers 9h-9h30 les samedis, dimanches et lundis, fermant à 18h. Vernaison a de tout, du lustre aux bijoux ; Biron est plus cher, avec des meubles pour grossiste du bas New York ; au marché Serpette, certains antiquaires ne jurent que par les années 30. Le marché Paul Bert est celui qui a le mieux conservé l'esprit « puces » : on chine, on fouille, c'est une des adresses des stylistes et des décorateurs. Pour les blousons de cuir, les jeans, les Doc Martens et parfois les pickpockets, on va au marché Malik… Épuisé et mort de faim, on s'affale dans les cafés et les restos restés « dans leur jus », en évitant autant que faire se peut l'heure de pointe du déjeuner. (Pour les autres marchés aux puces, voir p. 112.)

## BONNE CONDUITE

Inutile de proposer 10 000 F pour une commode vendue 20 000, mieux vaut comparer et réfléchir à la valeur de l'objet ou du meuble avant de se lancer. On obtient d'ailleurs souvent plus en sympathisant et en bavardant avec le marchand. Payer en espèces facilite aussi beaucoup les choses. N'hésitez pas à partir pour revenir dix minutes plus tard, un objet n'est pas perdu, et quand bien même il le serait… On peut aussi le retenir, demander à payer à tempérament. Si la somme est élevée, demandez une facture datée, détaillée, qui facilitera les choses en cas de revente, de succession ou de cambriolage (pour remplir la déclaration à l'assureur).

leurs trésors. Des vieux livres, des vieux papiers, des gravures, mais aussi des cartes postales, des posters… C'est un pêle-mêle incertain, inégal, qu'on parcourt dans le bruit des voitures et les vapeurs des pots d'échappement… Les trouvailles se font au hasard des boîtes.

## LES BOUQUINISTES

Du quai de la Tournelle au quai Voltaire pour la Rive gauche, du quai de l'Hôtel-de-Ville au quai du Louvre pour la Rive droite, on farfouille chez les bouquinistes sans lesquels Paris perdrait de son charme. Ils sont là depuis aussi longtemps que le Pont-Neuf, cher à Henri IV, leurs boîtes en bois laqué vert arrimées aux parapets et cadenassées sur

# PARIS MODE

Il n'y a qu'à Paris qu'on puisse réunir pour les défilés des collections haute couture et prêt-à-porter quelque 2 000 journalistes et 800 acheteurs. Karl Lagerfeld peut être allemand, John Galliano anglais et Gian Franco Ferre italien, la mode se fait à Paris. Asiatiques et Américains débarquent deux fois par an pour être les premiers à voir ce qui se portera du Pacifique à l'Atlantique, confirmant, à chacun de leur passage, que le chic parisien est et restera inimitable.

Christian Lacroix haute Couture hiver 97

## LE DÉFILÉ

C'est au Carrousel du Louvre que se tient maintenant la grand-messe de la mode, matérialisation des rêves et des espoirs des couturiers du monde entier. Le rituel est invariable. On se bouscule à l'entrée, on se précipite vers sa chaise, on regarde qui est là et on attend. La salle s'électrise, la nervosité des coulisses devient perceptible ; les projecteurs s'allument, la musique éclate et ce que le monde compte de top-models défile sur le podium. La collection est un formidable coup de pub pour le prêt-à-porter, les accessoires, les parfums et les cosmétiques.

## QUI ACHÈTE ?

Après la dernière guerre, 20 000 femmes s'habillaient encore en haute couture. Elles ne sont plus aujourd'hui que deux cents de par le monde. Près de 80 % de la clientèle est étrangère, les Américaines en tête, puis les Asiatiques et les Européennes. Les princesses arabes, jadis très gourmandes, se sont faites plus discrètes après la guerre du Golfe. Une robe de couturier demande au moins cent heures du travail le plus minutieux, trois à quatre essayages et se paie plus de 50 000 F. Un chiffre à multiplier par quatre pour une robe du soir... C'est pour cela que la haute couture n'intervient qu'à hauteur de 6 % dans le chiffre d'affaires réel des couturiers. Mais ces créations prestigieuses servent de locomotives aux productions moins exclusives.

## CRÉATION ET DIFFUSION

Pour répondre à l'évolution de la société et aux nouvelles donnes de l'économie, couturiers et créateurs de mode développent sur une grande échelle gammes d'accessoires et lignes de prêt-à-porter. Leur démarche se précise dans les années 70, accompagnant l'abandon d'un certain conformisme et l'émergence des 15-25 ans dont le pouvoir d'achat, même faible, fait pourtant des consommateurs à part entière. De nouveaux noms, attentifs à leurs désirs, s'emparent de la mode. On découvre Kenzo, Agnès B., Dorothée Bis, Emmanuelle Khanh... On voit s'installer à Paris Yamamoto, Comme des Garçons... L'informel investit universités et

été saisis à la frontière, mais cela n'empêche pas l'Italie de battre des records de production, l'Indonésie, la Thaïlande ou les Philippines d'inonder le monde de faux et les entreprises françaises de payer très cher la défense de leur marque.

cafés branchés, la mode est aux chemises country et aux jeans à tout prix.

## SOLDES : MODE D'EMPLOI

Pas si facile d'assister aux défilés des collections, on s'arrache les places et sans invitation, il est impossible d'entrer. Il faut être client, acheteur, journaliste ou ami. Les soldes des stocks des couturiers et des créateurs sont réservés à la presse et au personnel, mais on peut, par « copinage », arriver à s'y faufiler. Encore faut-il qu'il n'y ait pas trop de queue. Les soldes en boutique, sauf parfois les premiers jours, sont ouverts à tous et parfois annoncés dans la presse. Il suffit souvent de payer par chèque pour recevoir une invitation pour les soldes privés de la saison suivante.

## USAGE DE FAUX

Rançon de la gloire, couturiers et stylistes français sont copiés à l'étranger. Snobisme aidant, on est prêt à tout pour afficher une marque, même à porter un faux acheté dix fois moins cher dont on taira le prix. Mais la qualité médiocre des contrefaçons ternit l'image et la multiplication des copies nuit à l'économie et aux exportations. Les Douanes et la police ont l'œil. En 1997, 68 000 articles contrefaits ont

# PARIS LUXE

Guerlain parfumait déjà épaules et décolletés au siècle dernier. Eugénie de Montijo portait des robes de Worth et Poiret habillait le Paris des années folles. Dior, Hermès, Cartier, Puiforcat, Lalique..., ces noms font rêver le monde entier, images d'un luxe parisien si souvent envié et si mal imité. La politique des marques, les lois du marché ont fini par le rendre plus accessible. Sans qu'il perde pour autant de son charme et de sa séduction.

dates de la fondation de certaines maisons : Révillon, 1723 ; Baccarat, 1764 ; Château d'Yquem, 1786 ; Puiforcat, 1820 ; Hermès, 1837 ; Boucheron, 1858 ; Bernardaud, 1863 ; Lanvin, 1889 ; Lalique,

1910, etc. Le luxe a la vie longue et court tous azimuts : de la mode à l'orfèvrerie, de la joaillerie à la parfumerie, de la décoration à la cristallerie.

*Mademoiselle Chanel en 1935*

## LE PRIX DU LUXE

Il est des noms qui font rêver et le rêve se paye, mais le luxe ne paraît plus si cher quand on le relativise. Il repose sur l'authenticité, les matières nobles ; privilégie la série limitée ; redonne au geste de l'artisan la valeur qui est la sienne. Christian Dior disait qu'on n'est jamais trop cher quand la qualité entre en jeu. Le fameux sac *Kelly* d'Hermès demande 18 heures de travail des cuirs les plus exceptionnels, se vend environ 14 000 F et se garde toute une vie. Un verre du plus pur cristal taillé à la main avec un savoir-faire ancestral coûte chez Baccarat quelque 400 F, mais, dès que vous l'achetez, c'est déjà un objet de collection.

## LA CAPITALE DU LUXE

Le luxe en France est lié au terroir et pourtant... La soie a beau venir de Lyon, les parfums des environs de Paris, l'orfèvrerie de Normandie et la porcelaine de Limoges, la vitrine est à Paris, c'est là que tout se passe, que tout se crée et que tout se vend à une clientèle souvent étrangère. À lire la brochure du Comité Colbert, organisme qui regroupe les métiers du luxe, on relève les

## QUI POSSÈDE LE LUXE ?

Le luxe appartient le plus souvent à des capitaux français, sauvé par les rachats et les restructurations.

L'orfèvrerie Puiforcat et la cristallerie Saint-Louis

## Luxe : mode d'emploi

À Paris, le luxe se laisse approcher. Il ne faut pas hésiter à pousser la porte des grandes maisons pour rêver un instant, respirer la mode et le raffinement. On se promène chez Dior comme on veut, de vitrine en vitrine devant des vendeuses stylées qui se font discrètes. Ne vous laissez pas intimider par leur uniforme, bleu ou noir selon l'adresse. Parcourez sans complexe les étages d'Hermès, mettez-vous à l'aise, sans vous croire obligé d'acheter. Regardez autour de vous : les hordes de Japonais qui arpentent le magasin n'ont pas vos scrupules.

sont tombées dans l'escarcelle d'Hermès. Si la famille Wertheimer possède Chanel (depuis 1924), le groupe LVMH détient Christian Dior, Givenchy, Christian Lacroix, Vuitton, Moët & Chandon, Hennessy, Kenzo... Cardin possède sa propre marque et ses multiples licences ; le groupe Sanofi détient Yves Saint Laurent, Nina Ricci et Roger & Gallet. Les capitaux des grands hôtels échappent à cette logique ; le Crillon est resté français, mais le Ritz est devenu arabe ; le Plaza et le George V, américains et le Bristol, allemand.

## QUI ACHÈTE LE LUXE ?

Haute couture mise à part, le luxe s'est démocratisé et il est aujourd'hui beaucoup plus accessible qu'auparavant. Licences, franchises et politique de marques ont diversifié le luxe, multipliant les supports. Avec l'avènement de la pub, le nom propre est devenu nom commun, entraînant la démocratisation des produits. Chez les couturiers, les lignes « accessoires » ou « prêt-à-porter », qu'elles s'appellent *Bis*, *Parallèle*, *Bazar* ou *Diffusion*, jouent les prix serrés sans pour autant négliger le style ou la qualité. Orfèvres, porcelainiers et cristalliers ont toujours dans leurs collections des modèles moins chers remis sans cesse au goût du jour.

## LES RUES DU LUXE

Chaque capitale a les siennes, que ce soit New York, Tokyo, Londres ou Milan. Le luxe a

ses quartiers, la clientèle y passe, les maisons ont intérêt à s'y regrouper, le lèche-vitrines s'impose. À Paris, les rues du luxe s'appellent l'avenue Montaigne, le faubourg Saint-Honoré, la rue François-Ier, la rue Royale, la place Vendôme. Depuis quelque temps, le luxe s'installe aussi à Saint-Germain-des-Prés. Armani, Christian Lacroix, Louis Vuitton, Jean-Charles de Castelbajac rejoignent Yves Saint Laurent place Saint-Sulpice, retrouvant une clientèle rive gauche qui, par snobisme, abandonne parfois la Rive droite aux touristes.

# Paris :
# un Grand Magasin

D ans le fond, Paris est à lui seul un grand
magasin. Dès le Moyen Âge, les différents corps
de métier, regroupés en corporations, se sont
installés dans chaque quartier. Aujourd'hui encore,
cette ancienne tradition se perpétue, donnant leur
coloration propre à certains lieux de la capitale.

### Un rayon par quartier

Cycles et voitures brillent aux vitrines de l'avenue de la Grande-Armée, cristaux et porcelaines à celles de la rue de Paradis, alors que les libraires et les éditeurs sont plutôt autour de Saint-Germain-des-Prés et de l'Odéon. Le mobilier (plutôt tape-à-l'œil) trône au

faubourg Saint-Antoine ; la musique, instruments et partitions, a colonisé la rue de Rome ; l'avant-garde des créateurs de mode s'est établie place des Victoires ; les grands joailliers, rue de la Paix et place Vendôme ; et le tissu a pignon sur rue autour du

Marché Saint-Pierre près du Sacré-Cœur. La confection de prêt-à-porter courant squatte le quartier du Sentier, pas très loin de l'endroit où la plupart des quotidiens nationaux avaient leur siège. Les accessoiristes et les équipementiers moto se trouvent tous près de la Bastille ; quant à la micro-informatique, elle vient de s'installer avenue Daumesnil, près de la gare de Lyon.

### Petite histoire des grands magasins

Presque tous centenaires, les grands magasins parisiens se visitent au même titre qu'un monument, mais leur entrée est complètement gratuite. Le premier du genre fut le *Bon Marché* créé par Aristide Boucicaut en 1852 et immortalisé peu après par Émile Zola, dans son roman

*Au bonheur des dames*. C'est un ancien employé de ce magasin, Jules Jaluzot, qui fonda *Le Printemps,* sur la rive droite, en 1865. *La Samaritaine* a été créée en 1870 par Ernest Cognacq, un

camelot qui vendait des cravates dans un parapluie sur le Pont-Neuf. C'est aujourd'hui le plus grand des grands magasins parisiens. Le

et 16 m de haut, posée en 1923. Les Galeries Lafayette ont également une extraordinaire double coupole à travers laquelle joue la lumière. Les différents bâtiments de la Samaritaine forment une passionnante anthologie de l'architecture commerciale de 1900 à 1930. Le magasin 2, côté Seine, a même la plus belle façade de style Art déco de la capitale. Il a été construit en 1928 par Frantz Jourdain et Henri Sauvage. En 1932, le magasin 3 (à l'angle de la rue de Rivoli et de la rue Boucher) a été reconstruit en matériaux préfabriqués en à peine six

mois, sans que la vente s'interrompe à l'intérieur. L'escalier intérieur a été récemment rénové par la décoratrice Andrée Putman.

« petit dernier » des grands magasins parisiens, ce sont les Galeries Lafayette, ancienne boutique de frivolités fondée par Alphonse Kahn et Théophile Bader en 1899.

## LES GRANDS MAGASINS SPÉCIALISTES

Même s'ils sont généralistes par vocation, les grands magasins parisiens ont souvent des points forts. Le Bazar de l'Hôtel de Ville (BHV) est la Mecque du bricoleur. La Samaritaine est réputée pour ses rayons quincaillerie, jardinage, accessoires de cave, vêtements de travail. Le Printemps et sa « boutique blanche » sont très recherchés pour y déposer sa liste de mariage. Le Bon Marché, très BCBG, a une excellente épicerie où l'on se rend de toute la rive gauche. Les Galeries Lafayette se consacrent plutôt à la mode (parfums, accessoires et surtout vêtements). Pour renouveler la curiosité de leur clientèle, les grands magasins organisent souvent des expositions thématiques (la Chine, le Vietnam, l'Angleterre…) fort bien faites. La culture du pays côtoie les produits typiques, les meubles anciens, les objets d'artisanat ou les vêtements traditionnels. On peut regarder ou acheter, ça mérite toujours un coup d'œil.

## L'ARCHITECTURE

Réalisé par Gustave Eiffel, le Bon Marché a été récemment rénové par Andrée Putman qui a dessiné l'escalier roulant central, aux lignes très sobres. Le Printemps, tel un énorme paquebot, abrite une coupole en verre de 20 m de diamètre

# Visiter mode d'emploi

Cent kilomètres carrés, 12 km d'est en ouest, 9 km du nord au sud, 20 arrondissements et plus de 2 100 000 habitants : Paris ne se « fait » pas en une journée.

## POUR SE DÉPLACER EN VILLE

### LE MÉTRO

C'est le moyen le plus rapide et le plus facile à utiliser grâce à des plans précis et une signalisation claire ; les 372 stations débouchent rarement à plus de 500 m de l'endroit où l'on souhaite se rendre. Quinze lignes numérotées et de nombreuses correspondances permettant de passer de l'une à l'autre, offrent une véritable toile d'araignée souterraine.

Le métro fonctionne de 5h30 à 0h30. Une seule classe. Un seul ticket valable pour n'importe quelle distance, 8,00 F à l'unité (un carnet de 10 tickets coûte 52 F) à acheter aux guichets du métro, dans les tabacs ou à l'office de tourisme. Les enfants de moins de 4 ans voyagent gratuitement ; de 4 à 10 ans, demi-tarif (métro et bus).

La formule au forfait avec un nombre illimité de voyages est très intéressante : *Mobilis* un jour, 30 F ; *Paris Visite*, un, deux, trois ou cinq jours (de 50 à 170 F) offre en plus une réduction de 25 à 35% sur l'entrée de certains musées et monuments parisiens.

### LE BUS

C'est l'idéal pour admirer la ville, surtout dans les embouteillages ! Il y a 59 lignes sans compter le PC (« petite ceinture ») qui, comme son l'indique, fait le tour de Paris par les boulevards extérieurs), de 7h à 20h30 ou 0h30 selon les lignes. Malheureusement, de nombreuses lignes ne fonctionnent pas le dimanche ni les jours fériés. Service de nuit : *Noctambus*, 18 lignes entre 1h et 5h30, un passage toutes les heures. Le prix du ticket est de 30 F, quelle que soit la distance parcourue avec une correspondance possible. Accessible gratuitement avec les forfaits *Mobilis* ou *Paris Visite*. Des

### BUREAU DE LA RATP
#### pl. de la Madeleine

On peut y glaner toutes sortes de renseignements. Sinon, vous pouvez interroger un serveur vocal au ☎ 08 36 68 77 14.

plans gratuits sont disponibles aux guichets du métro.

Pour voir les principaux monuments dans un fauteuil, montez dans le *Balabus* de la RATP les dimanches et jours fériés d'avril à septembre, de 12h30 à 20h30. En 1h-1h30 de la gare de Lyon à la Grande Arche de la Défense, il passe devant les principaux monuments de la capitale.

## LE TAXI

On le prend à une station signalée par un panneau « taxis » ou on le hèle dans la rue. Une prise en charge est automatiquement inscrite au compteur (13 F env.). Les courses sont plus chères après 19h, hors de Paris, à partir des gares ou des terminaux d'aéroport (+ 10 F), et si vous avez des bagages (5 F par bagage) ! On paye en espèces et, en général, on laisse un pourboire, même si le chauffeur n'est pas particulièrement aimable. On reconnaît qu'une voiture est libre lorsque l'enseigne sur son toit est éclairée. Un taxi peut vous refuser si vous êtes plus de trois personnes, ivre ou accompagné d'un chien Bien entendu, on peut aussi commander son taxi par téléphone :
Taxis Bleus
☎ 01 49 36 10 10
G7
☎ 01 47 39 47 39
Taxis 7000
☎ 01 42 70 00 42

## EN VOITURE !

Conduire à Paris n'est pas de tout repos si vous n'êtes pas habitué à la circulation et si vous connaissez mal votre chemin. Se garer relève parfois des *Coulisses de l'exploit.* Les contractuelles, qui ont récemment troqué leur uniforme bleu pervenche pour

une tenue marine, gansée de rouge, beaucoup moins repérable, veillent avec leurs carnets à souches ! Certaines rues sont totalement interdites au stationnement, la plupart autorisent le stationnement payant (des horodateurs permettent de rester 1h à 2h) sauf, pour certaines, les samedis, dimanches et jours fériés.

Les parkings souterrains sont assez chers. Nous vous avons prévenu, mais si vous vous entêtez et si, en sortant d'un musée ou d'un café, vous ne retrouvez plus votre véhicule, téléphonez à la fourrière (☎ 01 55 76 20 80). Encore un conseil : achetez un bon plan avant de partir ou dès votre arrivée.

Pour faire le plein 24h sur 24 : Mobil, 151, rue de la Convention, 75015 ou Total, parking George-V, 75008.

## À VÉLO

Depuis deux ans, la municipalité (échéances électorales aidant) a fait beaucoup en faveur des cyclistes : voies cyclables en sites propres, couloirs aménagés et rues réservées aux vélos (comme les quais de Seine) les week-ends par exemple. Vous aussi, découvrez la capitale à vélo. Attention cependant, les automobilistes ne vous feront pas de

cadeau. Certains jours, la qualité de l'air est mauvaise et le port d'un masque antipollution pourra vous être utile.

**Paris à vélo c'est sympa**
☎ 01 48 87 60 01
**Paris-Vélo**
☎ 01 43 37 59 22.

## EN AUTOCAR

Comme les Japonais, « faites » Paris en autocar en quelques heures.
**Cityrama**
4, pl. des Pyramides, 75001,
☎ 01 44 55 60 00
**Paris-Vision**
214, rue de Rivoli, 75001,
☎ 01 42 60 31 25.

## POSTER, TÉLÉPHONER

Les timbres s'achètent dans les postes (fermées le samedi à partir de 12h et le dim.) ou les tabacs. Nombreuses boîtes à lettres (jaunes) dans les rues (dernière levée avant 18h, 19h à la poste, entre 20h et 22h à la poste du Louvre, suivant la destination) mais vous pouvez aussi déposer votre courrier à la réception de votre hôtel. Pour téléphoner ou télégraphier 24h/24 : poste principale, 52, rue du Louvre, 75001, ☎ 01 40 28 20 00.

Pour appeler votre vieille grand-mère inquiète de vous savoir à la capitale ou pour prendre des nouvelles des enfants, de nombreuses cabines publiques fonctionnent avec une carte à puce, la communication vous coûtera moins cher que depuis votre chambre d'hôtel.

## CHANGE

Il s'effectue dans la plupart des banques (souvent fermées le samedi et toujours le dimanche) et dans les bureaux de change. Il y a aussi des officines de change ouvertes même le dimanche dans les quartiers touristiques, par exemple 1, rue Hautefeuille, 75006, ☎ 01 46 34 70 46 ou Thomas Cook, 8, pl. de l'Opéra, 75009, ☎ 01 47 42 46 52.

## SITES ET MONUMENTS

La plupart des musées et des monuments sont généralement ouverts de 10h à 18h, six jours sur sept sauf

certains jours fériés. Les plus petits musées ferment à l'heure du déjeuner, renseignez-vous. Les musées nationaux ferment le mardi et les musées de la ville de Paris, le lundi.

La carte, *Musées et Monuments*, très pratique, donne libre accès à 70 musées et monuments de la ville ainsi que de la région. Pour une journée, il vous en coûtera 80 F, 160 F pour 3 jours et 240 F pour 5 jours.

On l'achète aux guichets des musées, des monuments ou à l'office de tourisme.

Si vous avez peu de temps, le spectacle de 45 minutes, sur écran géant, **Paristoric** est une excellente introduction à l'histoire de la capitale. Séance toutes les heures, de 9h à 21h. **Paristoric** : 11bis rue Scribe, 75009 ☎ 01 42 66 62 06.

Il faut tout faire, y compris, au moins une fois dans sa vie, une balade en bateau-mouche, idéal par beau temps

ou pour dîner aux chandelles, en tête-à-tête avec les plus beaux monuments de Paris.

**Vedettes du Pont-Neuf,** square du Vert-Galant, ☎ 01 46 33 98 38.

**Bateaux du pont de l'Alma,** rive droite, ☎ 01 42 25 96 10.

**Bateaux parisiens,** au pied de la tour Eiffel, ☎ 01 44 11 33 55.

# La tour Eiffel et le Trocadéro,
## d'une exposition universelle à l'autre

La vue qu'on a du Trocadéro sur le Champ -de- Mars et l'École militaire au-delà de la tour Eiffel est une des plus étendues de Paris. Tout ce décor a été planté au cours des expositions universelles de 1889 et de 1937. L'été, on s'arrache les tables aux terrasses des cafés pendant que skateboards et roller skates tourbillonnent sur le marbre du palais de Chaillot, radiocassettes à l'appui.

## ❶ La tour Eiffel ★★★
**Champ-de-Mars, 75007**
☎ 01 44 11 23 23
T. l. j. 9h30-23h, mi-juin-août, 24h Entrée payante.

La vieille dame de métal, élevée pour fêter le centenaire de la Révolution française, porte allégrement ses presque cent-dix ans. Avec six millions de visiteurs, elle est un des monuments les plus courus de Paris. Qu'on y monte à pied ou par ascenseur, on y trouve des restaurants, des observatoires scientifiques, des boutiques et, tout simplement, un panorama fantastique. À près de 300 m de hauteur, la vue porte à 90 km par beau temps !

## ❷ Le palais de Chaillot ★★★
**1, pl. du Trocadéro, 75016.**

Construit pour l'exposition universelle de 1937, il abrite musées, théâtres et restaurants.
Théâtre Chaillot,
☎ 01 53 65 31 00. Deux salles, deux répertoires, classique et contemporain, à l'ombre de Gérard Philipe.

Musée de l'Homme,
☎ 44 05 72 72. T. l. j. 9h45-17h15, f. mar. Entrée payante. À travers la préhistoire, l'ethnologie et l'anthropologie, la définition de l'être humain.
Musée de la Marine,
☎ 01 53 65 69 69. T. l. j. 10h-18h, f. mar. Entrée payante. D'une maquette à l'autre, l'histoire de la marine

française. Passionnant si vous avez des enfants.

Le Totem, ☎ 01 47 27 28 29. T. l. j. 12h-14h30 et 19h30-24h. Le restaurant du musée de l'Homme, pour la vue imprenable sur la tour Eiffel et les jardins du Trocadéro qui s'étendent de part et d'autre d'un long bassin. On peut s'y promener, des sculptures et de grands jets d'eau agrémentent la balade. Le spectacle est magnifique la nuit.

### ❸ Musée Guimet ★★★
19, av. d'Iéna, 75016
☎ 01 45 05 00 98
T. l. j. 9h45-18h, f. mar.
Entrée payante.

Le musée d'Art asiatique de Paris est fermé pour travaux jusqu'à fin 99. Mais on peut toujours voir les sculptures des divinités chinoises et japonaises dans les galeries du Panthéon bouddhique.

### ❹ Le musée d'Art moderne de la Ville de Paris ★★★
11, av. du Président-Wilson 75016
☎ 01 40 70 11 10 (rép.)
Mar.-ven. 10h-17h30, sam.-dim. 18h45. Entrée payante.

Pour les Bonnard, les Vuillard, les Picasso, les Modigliani, les Soutine, les Van Dongen et les panneaux de *La Danse* de Matisse enfin réunis. Boutique, librairie et cafétéria avec les tables dehors quand il fait beau, devant les statues de Bourdelle.

### ❺ Carette ★★
4, pl. du Trocadéro 75016
☎ 01 47 27 88 56
8h-19h, f. en août.

Un décor délicieusement suranné. Des macarons aussi célèbres que la terrasse où l'on s'entasse dès qu'il y a du soleil. Une clientèle parisienne un peu voyante et quelques touristes égarés.

### ❼ LES FLÂNERIES DU XVIᵉ ★★

Quittez la place du Trocadéro par la rue Benjamin Franklin (côté aile droite du Palais de Chaillot), et partez flâner vers Passy et jusque vers Auteuil. Au 47 de la jolie rue Raynouard, Balzac rédigea ses derniers romans (visite t. l. j. sf. lun. de 10h à 17h15. Accès payant) ; sur votre droite vous apercevez la Maison de Radio France, puis continuez dans la rue La Fontaine où règne l'Art Nouveau avec ses bow windows et ses fers forgés.

### ❻ La Cinémathèque ★★
7, av. Albert-de-Mun, 75116
☎ 01 56 26 01 01 (rép.)
Mer.-dim. a-m.

Certains habitués n'ont jamais raté une semaine depuis l'ouverture, d'autres voient trois films par jour. Dans ce lieu-culte des cinéphiles on conserve, restaure et projette quelque 40 000 œuvres qui sont, bien souvent, des chefs-d'œuvre. Si vous êtes de passage, c'est peut-être l'occasion de voir une rareté. Les programmes sont publiés chaque semaine dans *Pariscope* ou *l'Officiel des Spectacles*.

# Les Champs-Élysées,
## la vitrine tape-à-l'œil de Paris

L'avenue des Champs-Élysées a fait peau neuve : lifting des trottoirs débarrassés des voitures en stationnement et arbres plantés par rangées de deux. Le week-end, la foule déversée par métros entiers envahit les fast-foods, les cinémas et les galeries marchandes. Comme par miracle, le samedi matin reste préservé. L'avenue est encore calme, la perspective retrouve sa noblesse et les cafés leur sérénité.

matin quand la lumière rasante accentue les détails de ses sculptures. Très belle vue depuis la terrasse.

### ❷ Prunier Traktir ★★
16, av. Victor-Hugo, 75016
☎ 01 44 17 35 85
Lun. soir-sam. 12h-23h,
f. mi-juil.-mi-août.

Un bijou des années 20. La façade en pâte de verre turquoise mérite le détour, tout comme le restaurant, composition de marbre noir, d'acajou, de mosaïques et de feuilles d'or. C'était une des adresses des Windsor quand ils étaient à Paris. On s'assied au bar devant un plateau d'huîtres ou de fruits de mer.

### ❶ L'Arc de triomphe ★★★
Place du Général-de-Gaulle
75008
☎ 01 55 37 73 77. T. l. j.
9h30-23h avr.-sept., 10h-22h oct.-mars. Entrée payante.

Chalgrin avait dessiné les plans pour Napoléon Ier qui voulait un monument à la mesure de sa grande armée, mais l'histoire en a décidé autrement. Il faut attendre 1836 et Louis-Philippe pour que les travaux soient enfin terminés. Il faut le voir le

### ❸ Les Champs-Élysées ★★★
À la fin du XVIIe s., les Champs-Élysées n'étaient que terrains vagues sur lesquels Le

Nôtre faisait planter des arbres pour agrandir la perspective des Tuileries. Sous le Second Empire on s'y montrait, dans un défilé incessant de voitures à cheval. Les femmes exhibaient leurs toilettes et leurs bijoux. La « plus belle avenue du monde » a perdu son lustre et

Les Champs-Élysées
au début du siècle

son prestige mais conserve une ampleur et une harmonie uniques.

### ❹ Le Fouquet's ★★
99, av. des Champs-Élysées
75008
☎ 01 47 23 70 60
T. l. j. 8h-2h.

Le bar de cuir et d'acajou a vu défiler le monde entier. Le Fouquet's a une histoire qu'il assume avec élégance et nostalgie ; il est d'ailleurs classé lieu de mémoire. Au coin de l'avenue George-V sa terrasse reste une des plus belles de Paris ; on y boit un « César », le cocktail dédié par le barman au célèbre sculpteur.

### ❺ Virgin Megastore★
52, av. des Champs-Élysées
75008
☎ 01 49 53 50 00
Lun.-sam. 10h-24h, dim. et jours fériés 12h-24h.

Le temple de l'argent est devenu le temple de la musique. L'architecture de marbre des années 30 n'a pas bougé (et mérite un coup d'œil), Virgin a simplement remplacé la National City Bank of New York. Multimédia, Internet, TV, hi-fi, vidéo, compacts, K7, librairie, billetterie de spectacles attirent chaque jour plusieurs milliers de personnes.

### ❻ Planet Hollywood ★
78, av. des Champs-Élysées
75008
☎ 01 53 83 78 27
T. l. j. 11h30-1h.

Dans l'escalier, vous verrez les moulages des mains des stars du Tout-Hollywood ; dans la salle, les vêtements ou les objets des films-cultes *made in USA*. Stallone, Schwartzenegger et Bruce Willis, entre autres, parrainent l'affaire.

### LES GALERIES MARCHANDES DES CHAMPS-ÉLYSÉES

Galerie des Champs, Arcades du Lido, galerie Point-Show, galerie Élysées-La Boétie…
De l'ours en peluche aux souvenirs de Paris, des pull-overs pailletés aux bas résille, des vitrines tapageuses et des boutiques plutôt chères et beaucoup de touristes.

On y mange américain, tex-mex ou terroir. Les enfants adorent. Attention au samedi soir et aux heures de pointe.

# Madeleine - Saint-Honoré,
## le luxe et les affaires

Autour du faux temple grec de la Madeleine, le quartier s'anime tôt. Japonais et Américains font leurs courses entre la rue Royale et le faubourg Saint-Honoré : la vitrine du luxe français où les enseignes ont pour nom Hermès, Lalique, Christofle… Orfèvres, cristalliers et porcelainiers ont pignon sur rue, rejoints depuis peu par des boutiques déco, au charme intemporel, qui vendent des objets, des meubles, des tissus à la pointe de la mode. Même si vous n'achetez rien, entrez pour voir.

### ❶ L'église de la Madeleine ★★★
Ouv. de 7h à 13h30 et de 15h30 à 19h.

Après bien des atermoiements, c'est l'architecte Vignon qui donna, sous le Premier Empire, sa silhouette si particulière à ce monument conçu à l'origine comme un temple à la Gloire. Le décor intérieur (1830-1840) est très homogène. Avant de partir, en haut des marches, ne manquez pas le coup d'œil sur la perspective de la rue Royale et la place de la Concorde.

### ❷ Despalles ★★★
Village Royal, 26, rue Boissy-d'Anglas 75008
☎ 01 49 24 05 65
Lun.-sam. 10h-19h.

Boutique des villes et boutique des champs : côté Village Royal, 30 m² de verdure, des plantes, des meubles, des objets pour jardins et terrasses. Côté Boissy-d'Anglas, un espace maison, mobilier, cadeaux, déco qui colle au quartier : c'est-à-dire chic et dans le ton.

### ❸ Hédiard ★★
21, pl. de la Madeleine, 75008
☎ 01 43 12 88 88
Lun.-sam. 9h30-21h
traiteur, 23h cave.

Il suffit de franchir le seuil pour être ailleurs, pris par les senteurs, les couleurs et les goûts. Hédiard a fait peau neuve et joue les grands comptoirs, les voyages lointains. À l'étage, dans le salon de thé, le décor hésite entre années 20 et paquebots transatlantiques.

### ❹ Hermès ★★★
**24, rue du faubourg Saint-Honoré, 75008**
☎ 01 40 17 47 17
Lun. 10h-13h, 14h15-18h30, mar. et sam. 10h-18h30.

Tout est à voir chez Hermès, y compris, avant même d'entrer, les vitrines, toujours éblouissantes. Jetez aussi un œil sur les différents rayons : la sellerie, la maroquinerie, la bijouterie, la mode. Plaids et carrés, sacs et bottes : Hermès se décline d'un étage à l'autre au rythme de ses collections. On pourrait y passer des heures. Le traditionnel carré coûte 1 390 F, mais un très joli jeu de tarots ne vous coûtera que 200 F.

### ❺ L'hôtel de Crillon ★★
**10, place de la Concorde 75008**
☎ 01 44 71 15 00.
Ni le nom, ni la réputation de cet hôtel de prestige ne doivent vous arrêter. Tous les après-midi, de 15h30 à 19h, une

**HÔTEL DE CRILLON**
PARIS

harpiste très distinguée enchante le Winter Garden Tea-room. Allez sans complexe y boire un café (30 F).

### ❻ Le salon de thé Bernardaud ★★
**Galerie Royale, 9, rue Royale, 75008**
☎ 01 42 66 22 55
Lun.-ven. 8h-19h, sam. 12h-19h.

On est ici bien loin du vacarme de la ville. Les murs sont vert jade, de la couleur des glaces au thé vert qu'on déguste au Japon. Dans des niches précieuses sont exposés les modèles de

porcelaine fine créés par Bernardaud. Dans ce cadre reposant, raffinement suprême, vous choisirez le décor de la tasse dans laquelle vous boirez.

### ❼ Territoire ★★★
**30, rue Boissy-d'Anglas 75008**
☎ 01 42 66 22 13
Lun.-sam. 10h30-19h, f. sam. en août.

L'endroit, avec sa façade de bois, est classé ; c'était l'ancien hôtel de Lully. On y trouve de tout, comme dans les vieux bazars de nos grands-parents : des livres et des vêtements ; des jeux et de la papeterie ; de la vaisselle et de la vannerie...

# le Palais-Royal,
## un jardin historique

Il suffit de passer les grilles du Palais-Royal pour oublier, comme par magie, le bruit et la fureur de la ville. Le jardin et les arcades qui ont vu mourir la royauté et naître la Révolution reposent en paix.
La tradition des commerces demeure, depuis le XVIIIe s., mais les marchands de timbres, de décorations ou de soldats de plomb cèdent peu à peu la place aux boutiques de mode ou de déco, discrètement abritées sous les voûtes.

### **❶ Palais-Royal** ★★★
**Pl. du Palais-Royal, 75001.**
Richelieu construisit cet ensemble en 1636, puis Louis XIV l'offrit à son frère, le duc d'Orléans, en 1692. Au XVIIIe s., Philippe Égalité le faisait agrandir par l'architecte Louis des pavillons à arcades qu'on lui connaît et les vendait à des boutiquiers. Salles de jeu, restaurants, cafés ouverts tard la nuit, étaient fréquentés par des prostituées et des agitateurs qui appelaient à renverser la monarchie.

### **❷ À Marie Stuart** ★
**3, 4, 5, galerie de Montpensier, 75001**
**☎ 01 42 96 28 25**
**Lun.-ven. 9h-18h30, sam. 9h-12h30 et 14h-17h30.**

Un magasin délicieusement minuscule, un comptoir de bois verni, intact depuis le XIXe s. On y vendait alors des bijoux de deuil faits de jais ou d'onyx noir. Pour les amateurs de décorations, d'insignes, de médailles.

### ❸ Maison de Vacances ★★
63, 64, galerie de Montpensier, 75001
☎ 01 47 03 99 74
Lun. 13h-19h, mar-sam. 11h-19h, f. sam en été.

Tout est blancheur et limpidité dans cette boutique de linge de maison et de linge de table : le lin, ajouré,

incrusté ou brodé ; le trompe-l'œil de dentelle peint sur les miroirs des murs ; la poudre de marbre passée sur les tables d'atelier. Coussin laine et cachemire 500 F.

### ❹ Didier Ludot ★★
20, 24, galerie de Montpensier, 75001
☎ 01 42 96 06 56
Lun.-sam. 10h30 19h.

Voilà une adresse très intéressante : Didier Ludot traque vêtements et accessoires de haute couture qu'il propose ensuite à 50 % de leur prix. Quelques noms parmi d'autres : Chanel, Dior, Balmain, Balenciaga, Hermès (pour le sac Kelly et les accessoires).

### ❺ L'Escalier d'Argent ★★
42, galerie de Montpensier 75001
☎ 01 40 20 05 33
Mar.-sam. 13h-19h.

En soies précieuses, en velours, en brochés, en taffetas, tissus d'époque ou réédités, les gilets que crée cette antiquaire passionnée par le XVIIIe s. sont coupés à l'unité et finis à la main (à partir de 1 400 F). Si Versailles m'était conté…

### ❻ Les salons du Palais-Royal Shiseido ★★★
142, galerie de Valois 75001
☎ 01 49 27 09 09
Lun.-sam. 9h-19h.

Serge Lutens a imaginé un théâtre de pourpres et de violines pour présenter les eaux de parfums exclusives de la maison Shiseido. Des panneaux peints de motifs XVIIIe s., terminés par une frise aux reliefs d'insectes, de soleils et de lunes, entourent un escalier à vis, aux flèches de bronze. Vaut le coup d'œil.

### ❼ Muriel Grateau ★★
130, 133, galerie de Valois 75001
☎ 01 40 20 90 30
Lun. 14h-19h, mar.-sam. 11h-13h et 13h30-19h.

Une des boutiques de décoration les plus sophistiquées de Paris où trouver, mis en scène sur un

mobilier de fer forgé, des lins unis ou damassés dans un camaïeu de couleurs déclinées à l'infini. Pour la table, la chambre ou la salle de bains. Nappes et sets s'accompagnent de verres, de couverts et d'assiettes tout aussi raffinés.

# Le quartier de la place des Victoires,
## la mecque de la mode

L'équilibre et la symétrie de l'architecture du Grand Siècle sert d'écrin aux boutiques de mode qui sont venues naturellement s'inscrire dans les façades dessinées par Hardouin-Mansart, l'architecte de Versailles. Kenzo, Cacharel, Esprit, Victoire, Mugler, Kelian… ont trouvé le lieu qui convenait à leur image et fait de la place et des rues avoisinantes un passage obligé. On y croise journalistes et stylistes. En fin de journée, le quartier retrouve son calme et la statue de Louis XIV, son juste décor.

éditions FMR, Éric Philippe et faites une pause sur une banquette en moleskine au café de l'Époque.

## ❶ La galerie Véro-Dodat ★★★
**19, rue Jean-Jacques-Rousseau, 75001.**

Un dallage quadrillé de noir et de blanc ; des vitrines courbes, encadrées de cuivre ; des pilastres habillés de miroirs. Seul le gardien de la galerie dont le nom apparaît encore à l'entrée a disparu. Flânez d'une vitrine à l'autre. Passez devant Capia, la Galerie du Passage, Il Bisonte, les,

## ❷ Anna Joliet, boîtes à musique ★★
**9, rue de Beaujolais, 75001**
☎ 01 42 96 55 13. Lun.-sam. 10h-19h, 13h-19h août.

Située dans la maison de Colette, cette minuscule boutique vaut le détour que vous soyez amateur ou pas : des centaines de boîtes (pour enfant ou pour collectionneur) égrènent doucement leur mélodie. À partir de 200 F.

### ❸ NOTRE-DAME DES VICTOIRES

Notre-Dame des Victoires est un ancien haut lieu de piété populaire comme l'attestent les ex-voto qui tapissent ses murs et ses piliers. Certains sont très émouvants à déchiffrer. Élevée pour commémorer la prise de La Rochelle sur les protestants, terminée en 1740, elle servit de Bourse du commerce sous la Révolution.

### ❹ La galerie Vivienne ★★★
4, rue des Petits-Champs 75001.

Sous la verrière du siècle dernier, les boutiques ont retrouvé leur éclat, certaines inchangées témoignent d'un Paris disparu. Les vases drapés d'Emilio Robba, les coussins au petit point et les tapis de Casa Lopez, les meubles en ficelle de Christian Astuguevieille, les lunettes de soleil de Cutler & Gross, les boutiques de mode… Galerie Vivienne, le passé se conjugue au présent.

### ❺ Peter Hadley ★★
6 bis, pl. des Petits-Pères, 75001
☎ 01 42 86 83 73
Lun.-sam. 10h-19h.

En face de l'église Notre-Dame des Victoires, la façade n'a pas bougé, pas plus que le nom *la Maison Bleue* peint sur le fronton. Mais les objets de culte ont cédé la place à une collection de vêtements sportswear faite pour le voyage et l'aventure. Chic et intemporel.

### ❻ Ventilo ★★
27 bis, rue du Louvre 75001
☎ 01 42 33 18 67
Lun.-sam. 10h30-19h30, f. août.

Trois étages blonds et blancs à parcourir. On y découvre une mode féminine fluide et naturelle ; une boutique maison où trouver des piqués provençaux, des coussins, des lanternes, des parfums… ; enfin un salon de thé où déjeuner dans des fauteuils de rotin miel ou lavande.

### ❼ A Priori Thé ★★
35, galerie Vivienne, 75001
☎ 01 42 97 48 75
Lun.-ven. 9h-18h, sam. 9h-18h30, dim. 12h30-18h30.

Le charme tient beaucoup au lieu, à la lumière, au soleil l'été, à la terrasse sous la verrière. L'inspiration est

anglo-saxonne ; le personnel, international ; la carte, un composé des deux ; épices, brownies et crumbles. Les journalistes, les gens de la mode ont adopté l'endroit. On y vient le week-end, en famille.

# Le Louvre et les Tuileries,
## d'un musée l'autre

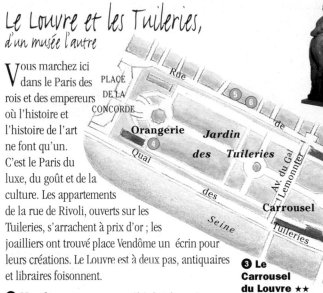

Vous marchez ici dans le Paris des rois et des empereurs où l'histoire et l'histoire de l'art ne font qu'un. C'est le Paris du luxe, du goût et de la culture. Les appartements de la rue de Rivoli, ouverts sur les Tuileries, s'arrachent à prix d'or ; les joailliers ont trouvé place Vendôme un écrin pour leurs créations. Le Louvre est à deux pas, antiquaires et libraires foisonnent.

## ❶ Musée du Louvre ★★★
**Depuis le métro Palais-Royal-Musée du Louvre, accès par le passage Richelieu**
☎ 01 40 20 51 51
T. l. j. 9h-18h, mer. et lun. 21h45, f. mar. Entrée payante.

Une semaine suffirait à peine pour voir le musée… Mais si vous y faites un saut, ne manquez pas les must du nouvel aménagement du Grand Louvre : la cour Marly et la sculpture du XVIIIe s.; la cour Khorsabad et l'Assyrie ; la galerie Michel-Ange ; les anciennes écuries de Napoléon III et la sculpture médiévale italienne. La promenade dans les douves du donjon de Charles V est aussi très impressionnante.

## ❷ Café Marly ★★
**93, rue de Rivoli, passage Richelieu, 75001**
☎ 01 49 26 06 60
T. l. j. 8h-2h.

Pour prendre un bloody-mary le soir devant la pyramide illuminée ou déjeuner dans les salons Napoléon III du Duc de Morny revampés - très chic - par Olivier Gagnère et Yves Taralon. Brunch le dimanche.

## ❸ Le Carrousel du Louvre ★★
**99, rue de Rivoli, 75001**
☎ 01 43 16 47 47. Boutiques t. l. j. sf mar. 9h-20h, restaurants t. l. j. jusqu'à 23h.

Quarante boutiques ouvertes le dimanche, des restaurants, des fast-foods : de *Lalique* à *Virgin Megastore* en passant par *Rooming*, le choix est immense. Mention spéciale pour *Nature et Découverte*, une boutique fabuleuse (objets, gadgets, vêtements) à faire rêver petits et grands, et pour la boutique du musée de la Poste où l'écriture est traitée avec art.

## ❹ Le jardin des Tuileries ★★★

Avec 700 nouveaux arbres plantés et la restitution des arabesques dessinées par Le Nôtre au XVIIe s., le jardin des Tuileries va bientôt retrouver tout son lustre royal. Du côté de la Concorde, ne manquez pas le musée de l'Orangerie ☎ 01 42 97 48 16. mer.-lun. 9h45-17h15.

**Louvre des Antiquaires**

NOS COUPS DE CŒUR AU DÉPARTEMENT DES PEINTURES DU MUSÉE DU LOUVRE

*La Dentellière* de Vermeer, comme si elle était à côté de vous ; *Le Tricheur à l'as de carreau* de Georges de La Tour, intense, fiévreux ; le *Gilles* de Watteau, nostalgique dans un XVIIIe s. de fêtes galantes ; les Delacroix, romantiques et maîtrisés… Il suffit de quelques tableaux pour se sentir riche d'émotions inoubliables.

(entrée payante), un des grands endroits où voir des Soutine et Modigliani rares à Beaubourg. Si vous n'êtes pas convaincu, *Les Nymphéas* de Monet feront le reste.

## ❺ L'hôtel Inter-Continental ★★
3, rue de Castiglione 75001. ☎ 01 44 77 11 11.

Après le Louvre et les Tuileries, faites une pause à la «Terrasse fleurie » du chicissime Hôtel Inter-Continental (les snobs disent simplement «l'interconti »). Son patio est un havre de paix où vous pouvez prendre un café pour 30 F.

## ❻ Galignani ★★
224, rue de Rivoli, 75001 ☎ 01 42 60 76 07 Lun.-sam. 10h-19h.

Fondée en 1802, la maison d'édition Galignani est devenue un cabinet de lecture où l'on trouvait la presse et les ouvrages étrangers introuvables ailleurs.

Boiseries 1930, rayons où musarder, le Galignani d'aujourd'hui a su garder son atmosphère de charme et de recueillement. C'est un des endroits de Paris les plus riches en littérature, art de vivre, peinture et architecture.

## ❼ Le Louvre des Antiquaires ★★
2, pl. du Palais-Royal 75001. ☎ 01 42 97 27 00 Mar.-dim. 11h-19h, f. dim. en juil. et août.

Vous paierez le prix fort, tout n'est pas de très bon goût, mais on trouve de tout : orfèvrerie, mobilier, tableaux, sculptures, objets d'art de toutes époques. Ne manquez pas le marché aux bijoux du sous-sol. Bar, restaurant, bureau de change le samedi.

# Le faubourg Saint-Germain,
## du côté de chez Proust

À l'ombre des Invalides, vous êtes ici dans un ancien quartier aristocratique où les plus jolies maisons se cachent souvent dans les cours, prolongées par des jardins insoupçonnés. Les rues sont calmes, élégantes, animées par le va-et-vient des voitures ministérielles. Les boutiques s'ouvrent, discrètes, dans les façades du XVIIe s. et du XVIIIe s. d'un goût exquis. Antiquaires, libraires, décorateurs appartiennent au quartier qui, sans eux, perdrait une partie de son charme.

## ❶ Les Invalides ★★★

Place des Invalids, 75007
☎ 01 44 42 37 67
T. l. j. 10h-17h, 18h en été
Entrée payante.

La façade, la cour d'honneur et l'église Saint-Louis de Libéral Bruant en font un des chefs-d'œuvre de l'architecture du Grand Siècle. Si vous avez un faible pour l'uniforme, entrez dans le musée, vous verrez une des plus belles collections au monde d'armes et d'armures, chacune une œuvre d'art. Terminez par le tombeau de Napoléon sous le dôme de Jules Hardouin-Mansart.

## ❷ Le musée d'Orsay ★★★

Parvis rue de Bellechasse 75007
☎ 01 40 49 48 14
T. l. j. 10h-18h, jeu. 22h, f. lun. Entrée payante.

C'est le temple parisien du XIXe s. En plus des

exceptionnelles collections de peinture impressionniste, les récentes acquisitions faites par le musée laissent un souvenir inoubliable : *l'Origine du Monde* de Courbet, jusqu'à présent jalousement cachée dans les collections privées ; *la Nuit*

## ❸ LE CARRÉ RIVE GAUCHE

Dans un périmètre que délimitent le quai Voltaire, la rue des Saints-Pères, la rue de l'Université et la rue du Bac, se regroupe le gratin des antiquaires parisiens. Les meubles, les objets, les peintures sont souvent exceptionnels. En mai, le Carré expose ses chefs-d'œuvre, les rues sont décorées et le «Tout-Paris» s'agglutine aux vitrines.

*étoilée* de Van Gogh ; le *Nu allongé* et le *portrait de Fernand Halphen* de Renoir ; le bureau de dame de Henry Van de Velde, en acajou de Cuba… Salon de thé, restaurant, librairie, boutique (les objets dérobés du musée).

## ❹ Le musée Maillol ★★★
61, rue de Grenelle, 75007
☎ 01 42 22 59 58
T. l. j. 11h-18h, f. mar. et j.f.

Dans l'hôtel Bouchardon où habita Musset, on peut voir la collection de Dina Vierny, le dernier modèle de Maillol. On découvre aussi un aspect moins connu de l'artiste : sa peinture, sa céramique ou ses tapisseries. Ne manquez pas les pastels et les sanguines : un vrai coup de cœur.

## ❺ Siècle ★★
24, rue du Bac 75007
☎ 01 47 03 48 03
Lun.-sam. 10h30-19h.

Un lieu d'émotion où l'objet est traité comme s'il était unique. Les manches des couverts se couvrent de motifs d'argent, les verres reposent leurs calices sur un corps de Bacchus, les assiettes se font feuille avec l'élégance des siècles passés.

## ❻ Au Nom de la Rose ★★
46, rue du Bac, 75007
☎ 01 42 22 08 09
Lun.-sam. 9h-21h, confit de pétales entre 10 et 45 F.

Un foisonnement de roses dans cette boutique ensoleillée. Sur le linge, les objets, les coussins, les foulards, les bijoux… Le parfum de la rose en bougies, le goût de la rose en confit de pétales et, derrière une porte de fer forgé, le jardin, les roses à l'ancienne.

## ❼ Bonpoint ★★
86, rue de l'Université
75007. ☎ 01 45 51 46 28
Lun.-sam. 10h-19h.

Bonpoint raconte son image d'aujourd'hui dans la boutique rénovée. Des objets-cadeaux, petites idées poétiques ou ludiques, cachés dans des sacs

de gaze ou de linon brodé, se glissent entre les vêtements dans des paniers houssés de lin. Au 67 se trouve la boutique femme (☎ 01 45 51 53 18). Des matières subtiles, le travail du lin, de la soie, du velours. Vous ferez votre essayage dans un salon aux couleurs grisées, sous un lustre en fer forgé et cristal.

## ❽ Les Nuits d'Été ★★
22, rue de Beaune, 75007
☎ 01 47 03 92 07
T. l. j. 12h-19h, f. dim. en juin-juil., f. en août.

On y reçoit comme chez soi. Les gens se retrouvent, les habitués des maisons d'édition voisines, la clientèle de quartier dans une atmosphère feutrée et douce. Brunch le dimanche.

# Saint-Germain-des-Prés,
*l'esprit rive gauche*

S aint-Germain-des-Prés. Quelques mots qui se chargent d'images. Les existentialistes, le Paris d'après-guerre, les boîtes de jazz. Sartre et Beauvoir au café de Flore, Boris Vian au Tabou, Hemingway à Paris… Les rues prêtent leurs charmes à ces souvenirs, de ces rues où marcher sans but précis, où s'arrêter devant la vitrine d'une galerie, d'un antiquaire, d'une boutique de mode ou d'un libraire, avant de s'asseoir à la terrasse d'un café.

*Carte avec les rues : Quai Malaquais, PONT DES ARTS, PLACE DE L'INSTITUT, Institut, Rue des Beaux-Arts, Rue Bonaparte, R. Saint-Benoît, Rue Jacob, Rue J. Callot, Rue de Seine, Rue Mazarine, PL. ST-GERMAIN-DES-PRÉS, R. de Furstenberg, PL. DE FURSTENBERG, Boul. Saint-Germain, Rue de l'Échaudé, Buci*

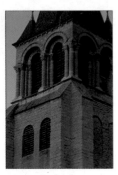

## ❶ Le palais de l'Institut ★★★
23, quai de Conti, 75006.

C'est là, sous la coupole de l'architecte Le Vau, que se réunit l'Académie française, dans l'ancien quartier des Quatre Nations, établi par Mazarin. Si le cardinal n'avait pas laissé une forte somme d'argent pour qu'on le construise, Paris serait privé d'un des plus beaux bâtiments du XVIIe s. Du côté de la Seine, deux ailes courbes lui donnent même un petit air romain.

## ❷ Shu Uemura ★★
176, bd Saint-Germain 75006
☎ 01 45 48 02 55
Lun. 11h-19h, mar.-sam. 10h-19h.

Cent couleurs de maquillage en mosaïque de blush, de rouges à lèvres, d'ombres à paupières…, vous êtes ici dans le temple du cosmétique.

On vous maquille la moitié du visage, vous continuez sur l'autre et vous rentrez chez vous avec un croquis qui vous montre comment faire : pratique et didactique.

### ❸ La galerie Triff ★★
35, rue Jacob, 75006
☎ 01 42 60 22 60
Lun. 14h30-19h, mar.-sam. 10h30-19h.

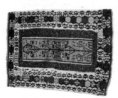

Le voyage en Orient commence à Paris, au bout d'une allée plantée d'arbres. Les tapis sont jetés sur le sol dans un savant pêle-mêle de dessins et de couleurs. Une fontaine coule au milieu de la galerie comme dans un palais de Syrie. Le décor mérite un coup d'œil. Spécialiste des kilims et tapis de Gobbeh, livres et tissus anciens.

### ❹ Au Fond de la Cour ★★
49, rue de Seine, 75006
☎ 01 43 25 81 89
Lun.-sam. 11h-19h.

La boutique déborde sur la cour où les meubles de rotin et de fer prennent, au fil des jours, une patine qui leur va. L'intérieur ressemble aux jardins d'hiver Napoléon III. Objets de curiosité, lustres et lampes, sculptés ou décorés de fleurs et de feuillages, se reflètent dans un jeu de miroirs. Un endroit pour rêver, même si vous sortez les mains vides.

### ❺ La Palette ★★
43, rue de Seine, 75006
☎ 01 43 26 68 15
Lun.-sam. 8h-2h.

Difficile d'imaginer plus parisien que ce café qui se loue pour des films ou des photos de mode. Aux tables sur le trottoir, été comme hiver, vous prendrez un verre de vin à côté de peintres, de mannequins ou de comédiens… Sans la Palette, le quartier ne serait plus le même.

### ❻ Les cafés du boulevard Saint-Germain ★★★
Au 172, LE CAFÉ DE FLORE
☎ 01 45 48 55 26
T. l. j. 7h-1h30.
Au 170, LES DEUX MAGOTS
☎ 01 45 48 55 25
T. l. j. 7h30-2h.

Lequel des deux ou tous les deux ? De bonne heure, le petit déjeuner aux *Deux*

*Magots* devant l'église est un moment béni. Côté boulevard, les deux terrasses sont aussi courues l'une que l'autre au soleil de l'après-midi. On croise suffisamment de têtes connues pour se persuader qu'on est précisément là où il faut être.

### ❽ Le marché de Buci ★★
Au croisement de la rue de Buci et de la rue de Seine
T. l. j. sf lun.

On s'y promène autant qu'on y fait ses courses. Le dimanche, en fin de matinée, c'est un peu la bousculade dans des amoncellements colorés de fleurs et de fruits, mais la clientèle est très « rive gauche ».

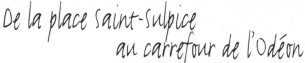

# De la place Saint-Sulpice au carrefour de l'Odéon

Les saint-sulpiceries disparaissent peu à peu de la place avec les dernières boutiques d'art religieux mais la fontaine de Visconti continue à ruisseler comme si de rien n'était et les pigeons à se poser sur les tours de l'église. Des rues pleines de charme mènent au jardin du Luxembourg : la rue Servandoni, la rue Férou. La rue Guisarde, la rue des Canettes, souvenirs d'un très vieux Paris, rejoignent l'animation du boulevard Saint-Germain.

## ❶ L'église Saint-Sulpice ★★★
**Place Saint-Sulpice, 75006.**

Passez la façade de Servandoni et allez tout droit voir les fresques que Delacroix peignit au son des orgues et des chants (1849-1861). À droite de l'immense nef,

Jacob continue de lutter avec l'ange alors que, sur le mur opposé, Héliodore chassé du temple gît au pied de l'escalier sous l'envol des drapés, dans un amoncellement d'or et d'argent.

## ❷ Avant-Scène ★★
**4, pl. de l'Odéon, 75006**
☎ **01 46 33 12 40**
**Mar.-sam. 10h30-13h et 14h30-19h, f. en août.**

«Avant» comme avant-garde, « scène » comme mise en scène. Celle des créateurs qui partagent avec Élisabeth Delacarte le goût du baroque et de l'Art déco, le désir de rompre avec le design pur et dur des années 80. Leurs noms : Garouste et Bonetti, Van der Straeten, Dubreuil, Brazier-Jones... Entrez sans hésiter et jetez un œil.

## ❸ Maison de famille ★★
**29, rue Saint-Sulpice 75006**
☎ **01 40 46 97 47**
**Lun.-sam. 10h30-19h.**

Avec ses deux étages, on dirait une vraie maison. Les couleurs donnent le ton :

naturelles et douces. Les meubles ont un passé et le moindre objet, un petit air connu. Le linge, la vaisselle, la verrerie, les vêtements, tout

### ❹ FLEURS ET FEUILLES

Quand on suit la rue Saint-Sulpice jusqu'au carrefour de l'Odéon, on passe devant la vitrine de **Christian Tortu**. Après le Luxembourg, c'est le deuxième jardin du quartier devant lequel tout le monde s'arrête, une boutique au charme fou où les fleurs, les feuillages s'amoncellent dans un désordre sophistiqué.

a le charme discret d'une certaine bourgeoisie. Assiette à partir de 25 F.

### ❺ **Western House** ★
23, rue des Canettes, 75006
☎ 01 43 54 71 17
Lun. 13h-19h, mar.-sam. 10h-19h15.

L'endroit où aller pour jouer au cow-boy et acheter jeans, bottes, ceintures, chemises à carreaux et autres chapeaux ; trente ans d'importations américaines dénichées voyage

après voyage. Western House enrichit ses collections d'exclusivités pour lesquelles on traverse tout Paris.

### ❻ **Casa Bini** ★★
36, rue Grégoire-de-Tours, 75006
☎ 01 46 34 05 60
Lun. 19h30-23h, mar.-sam. dim. 19h30-23h. Carte 250-350 F.

Anna Bini est arrivée de Florence les bras chargés d'huile d'olive et de produits frais, comme les délicieux artichauts poivrades. Le succès ne s'est pas fait attendre, les Parisiens ont vite aimé la simplicité de sa cuisine aux parfums de Toscane.

### ❼ **Le café de la Mairie** ★★
8, pl. Saint-Sulpice, 75006
☎ 01 43 26 67 82
Lun.-ven. 7h-2h, sam. 8h-2h.

En toute saison on s'arrache les places sur la terrasse devant les tours de l'église pour un café ou un croque-monsieur au pain Poilâne. À l'intérieur, sous les néons et les murs beiges, un peu vieillis, les habitués restent tard le soir, intellos du quartier, comédiens, étudiants…

### ❽ **Tradition renouée** ★★
8, rue de l'Odéon, 75006
☎ 01 40 51 08 67
Lun.-sam. 11h30-19h30.

Des lampes, des lustres, des coussins (à partir de 600 F)… Des sacs, des ceintures et mille petits accessoires de mode ou de déco, tous habillés de passementerie, à choisir parmi cent couleurs. Dans un esprit « couture » sans les prix « couture ».

# Le Quartier latin,

## Paris médiéval et Paris studieux

Les rues se chargent d'étudiants à la sortie des cours ; les cafés restent ouverts tard le soir ; les librairies universitaires bruissent d'une agitation studieuse. Depuis la fondation de la Sorbonne au XIIIe s., le quartier vit du savoir et de sa transmission. Agité parfois de soubresauts, il essaie de garder une authenticité que perd peu à peu le boulevard Saint-Michel, envahi par les fast-foods et les boutiques de prêt-à-porter de qualité courante.

### ❶ Le musée national du Moyen Âge, Thermes et Hôtel de Cluny ★★★

6, pl. Paul-Painlevé, 75005
☎ 01 53 73 78 00
T. l. j. 9h15-17h45, f. mar. et j. f. Entrée payante.

De sa partie la plus ancienne, les thermes de Lutèce construits aux IIe s. et IIIe s., à l'autel gothique des abbés de Cluny, un joyau de l'architecture flamboyante, ce sont les racines mêmes de Paris qu'on découvre au musée de Cluny, la richesse du Moyen Âge, de la vie seigneuriale. Les objets viennent de monuments parisiens ou de trésors d'églises ; les sculptures évoquent les noms les plus prestigieux : Saint-Germain, Saint-Denis, la Sainte Chapelle, Notre-Dame ; et la tapisserie de la *Dame à la Licorne* rappelle l'univers nostalgique de l'amour courtois.

### ❷ LE MARCHÉ AUX FLEURS
**Place Louis-Lépine**
**75004**
**Lun.-sam. 10h-19h, f. déc.**

Tache de couleur au cœur de la ville, ce marché se tient dans l'île de la Cité à quelques minutes de Notre-Dame. Le dimanche, les oiseaux prennent la place des fleurs. On y flâne comme dans un jardin, attiré par le parfum d'une fleur, l'étrangeté d'une orchidée ou la voix d'un mainate.

### ❸ L'église Saint-Séverin ★★★
**Rue des Prêtres-Saint-Séverin 75005.**

C'est l'une des plus jolies paroisses de Paris, l'une des plus anciennes aussi. Un parfait exemple de l'évolution des styles du XIIIe s. au XVIe s., un spécimen achevé

de l'architecture gothique flamboyante. La visite est courte si l'on veut, mais éblouissante. Les spirales de la colonne centrale, la nervosité des voûtes en palmier, les lignes tissent leur toile de pierre.

### ❹ Shakespeare & Co ★
**37, rue de la Bûcherie 75005**
**☎ 01 43 26 96 50**
**T. l. j. 12h-24h.**

Les rayonnages, jusqu'au plafond, débordent de livres anglais anciens et modernes. La façade, à colombage, est une des plus anciennes du quartier et la rue longe Notre-Dame dont elle est simplement séparée par la Seine. *Tea-party* le dimanche après-midi au premier étage, dans l'appartement du libraire. À voir pour le plaisir.

### ❺ The Tea Caddy ★
**14, rue Saint-Julien-le-Pauvre, 75005**
**☎ 01 43 54 15 56**
**T. l. j. 12h-19h, f. mar. et mer.**

Quand ce salon de thé ouvre en 1928, Hercule Poirot et miss Marple hantent déjà les pages d'Agatha Christie. Le décor anglais du Tea Caddy leur aurait plu, avec ses boiseries sombres et ses fenêtres serties de plomb. Les conversations se font à voix basse, les *apple-pies* succèdent aux *scones* et aux *muffins*. On est hors du temps.

### ❻ La cathédrale Notre-Dame de Paris ★★★
**Île de la Cité, 75004**
**T. l. j. 8h30-18h45, sam.-dim. 19h45.**

Une des plus belles réussites du premier gothique de la fin du XIIe s. Bien sûr, l'architecture a évolué, été complétée, modifiée au fil des ans. Jusqu'à ce que Viollet-le-Duc, sous Napoléon III, la sauve de la ruine sans toujours en respecter l'originalité, la poésie. Du haut des tours, Quasimodo avait de Paris une vision fantastique ; avis aux amateurs, il faut monter quelque 69 mètres (accès payant). Sujets au vertige, s'abstenir !

# Le quartier du Panthéon,
## de Lutèce à Paris

Le quartier s'articule autour de la Montagne Sainte-Geneviève, ancrée dans l'histoire de Paris. Au Moyen Âge, il se couvre de couvents, puis de collèges dont la tradition est demeurée. Les rues ont gardé un sérieux, une discrétion que protège une architecture sévère parfois, simple souvent, qu'adoucit le jardin du Luxembourg au bas de la rue Soufflot.

## ❶ L'église Saint-Étienne-du-Mont ★★★
**1, rue Saint-Étienne-du-Mont, 75005.**

C'est une des plus curieuses églises de Paris qui fut achevée au XVIIe s. par un portail étonnamment asymétrique dans le goût Renaissance. Contrairement aux autres, elle a conservé un jubé du XVIe s. dont la sculpture est une pure merveille. L'enchevêtrement des nervures, la dentelle des clefs de voûte, tout est d'une rare élégance. C'est là que sont enterrés Pascal et Racine.

## ❷ Le Balzar ★★
**49, rue des Écoles, 75005**
☎ 01 43 54 13 67
**T. l. j. 8h-1h.**

Depuis 1890, la tenue des garçons est restée la même, gilet noir et tablier blanc. D'une génération à l'autre, universitaires et intellectuels continuent de hanter les lieux. Les hommes politiques dînent à côté d'étudiants sortis des cinémas voisins d'une cuisine de brasserie aux accents d'éternité.

## ❸ Dubois ★★
**20, 24 rue Soufflot, 75005**
☎ 01 43 54 43 60. **Mar.-ven. 10h45-18h30, lun. et sam. 9h-12h30 et 13h45-18h30.**

La couleur sous tous les tons et sous toutes les formes, l'aquarelle, l'huile, le pastel… Le choix, des milliers de références. Dubois appartient au quartier depuis 1861. La maison livre à distance les commandes de son catalogue phénoménal.

### ❹ Mayette ★★
**8, rue des Carmes, 75005**
☎ 01 43 54 13 63
**Mar.-sam. 10h-20h, lun. 14h-20h.**

Depuis 1808, le plus vieux magasin de prestidigitation de France où tout apprendre sur la magie. Les tours les plus simples comme les plus difficiles, démonstration à l'appui. Livres, K7 vidéo et CD-Rom remplissent des tiroirs qui datent d'un autre siècle. De tout à tous les prix : c'est magique.

### ❺ Le Panthéon ★★★
**Place du Panthéon, 75005**
☎ 01 44 32 18 00
**T. l. j. oct.-mars 10h-18h15, avr.-sept. 9h30-18h30
Entrée payante.**

Louis XV ayant fait le vœu d'édifier une église à sainte Geneviève, Soufflot fut chargé d'en dessiner le plan. Il lui donna la forme d'une croix grecque. Les aléas de la politique aidant, elle allait perdre et retrouver sa vocation religieuse à diverses reprises, au hasard des gouvernements et des révolutions. Lorsque Victor Hugo mourut, elle devint à jamais le tombeau des « Grands Hommes ». On

la visite et les pas résonnent dans la nef immense et glacée sous les fresques évanescentes de Puvis de Chavannes.

### ❻ Le Luxembourg ★★★

Promenade favorite des artistes et des poètes au temps du romantisme, c'est autour de son bassin octogonal où continuent de louvoyer les bateaux à voiles que se joue la vie de ce jardin. Prenez une chaise, faites une pause en faisant semblant de lire ou sirotez votre Coca à la guinguette du coin.

### ❼ Au Vieux Campeur ★★
**18 boutiques autour du 48 rue des Écoles 75005**
☎ 01 43 29 12 32
**Lun.-ven. 9h30-20h, mer. 21h, sam. 9h30-20h.**

On y trouve tout, absolument tout pour s'équiper de la tête aux pieds et au-delà. Qu'on ait envie de

marcher, de grimper, de skier, de nager, de surfer, de plonger, de camper, il y a toujours ce qu'il faut. Et cela dure depuis 1941. Catalogue sur demande. La maison expédie en province.

# Beaubourg,
## le monde de l'art et ses à-côtés

Sur le parvis, devant le Centre Pompidou (fermé pour travaux jusqu'à l'an 2000), les pizzerias succèdent aux fast-foods. Pourtant le quartier survit à l'invasion des touristes et des curieux qui envahissent la place et les rues voisines. Les galeries du quartier présentent des artistes et des créateurs reconnus qui drainent un public attentif et passionné. Quant au musée d'Art moderne, vous pourrez bientôt y voir ou y revoir une des plus riches collections au monde.

*[Carte : Rue du Grenier Saint-Lazare, Rue Martin, Rue Brantôme, Beaubourg, Rue Saint..., Centre Georges-Pompidou, PLACE GEORGES POMPIDOU ①, Rambuteau, Rue Geoffroy l'Angevin, Temple, PLACE I. STRAVINSKY ②, ③, Rue Simon Le Franc, R. Brisemiche, Rue du Cloître Saint-Merri, Rue Renard, R. St-Merri ⑦ ⑥, du, ④, ⑤, Rue du, Rue de la, Rue Verrerie]*

## ❶ Le quartier de l'Horloge

Construit sur l'emplacement du plateau Beaubourg, l'opération immobilière n'a pas été une grande réussite. Aujourd'hui les passages et les courettes bétonnés n'offrent pas beaucoup d'intérêt. Allez-y quand même pour voir « Le Défenseur du Temps », un étonnant automate qui livre à heure fixe un combat mécanique contre ses ennemis de métal. À proximité, la boutique *Perles Box* propose un très grand choix de perles (en verre, en métal, en coquillage…). Idéal pour se bricoler un look néo-soixante-dix en décorant ses vêtements ou en confectionnant des bracelets ou des colliers. Kit collier à partir de 57 F.

Beaubourg son désœuvrement. L'architecture de Christian de Portzamparc vieillit bien ; le temps a passé sans démoder la colonnade de ce temple post-moderne où prendre un café et regarder passer le monde.

## ❷ Le café Beaubourg ★★
**100, rue Saint-Martin
75004
☎ 01 48 87 63 96
T. l. j. 8h-1h, w.-e. 2h.**

Une frontière invisible protège ce café de la place et de la faune qui promène à

### ❸ Dame Tartine ★
2, rue Brisemiche, 75004
☎ 01 42 77 32 22
T. l. j. 12h-23h.

Tartine n'a de dame que le nom. Une clientèle plutôt branchée, artiste ou intello, se retrouve l'après-midi ou le soir sur la place, devant la fontaine de Niki de Saint-Phalle et de Jean Tinguely où serpents et bouches à la Mae West crachent leur eau vers le ciel. Tableaux accrochés aux murs comme il se doit dans le quartier. Tartines de 20 à 45 F.

### ❹ La galerie Beaubourg ★★
23, rue du Renard, 75004
☎ 01 42 71 20 50
Mar.-sam. 10h30-13h et 14h-19h.

L'univers de Marianne et Pierre Nahon. Une des premières galeries à s'être installée près du Centre Pompidou, une valeur sûre du marché de l'art contemporain. Les Nahon exposent l'œuvre peinte et sculptée d'Arman, de Ben, de César, de Klein et d'Andy Warhol. Parmi d'autres.

### ❺ La galerie Neotu ★★
25, rue du Renard, 75004
☎ 01 42 78 91 83
Mar.-sam. 10h-19h.

C'est l'endroit où aller pour comprendre ce qu'est un meuble de

créateur et définir la frontière entre design et modernité. Sur deux étages, Pierre Staudenmeyer expose les éditions limitées de Garouste et Bonetti, d'Olivier Gagnère, de Martin Szekely. Vaut le détour.

### ❻ La galerie Maeght ★★
12, rue Saint-Merri, 75004
☎ 01 42 78 43 44
Mar.-sam. 10h-13h et 14h-19h.

*La fontaine Niki de Saint-Phalle place Igor Stravinsky*

### ❼ ECLACHE & CIE
10, rue Saint-Merri, 75004
☎ 01 42 74 62 62
T. l. j. 12h-1h.

Voilà un restaurant sympathique au look parisien où on peut faire une pause agréable à midi ou le soir. L'été, profitez de la fraîcheur de la terrasse dans le passage attenant. Beaucoup de jeunes gens modernes et de garçons sensibles. Brunch sam. et dim. (8h30-12h) pour 100 F. Comptez 140 F pour un repas vin compris.

Dans un hôtel du XVIIe s., s'opère le contraste de l'œuvre moderne et des murs chargés d'histoire. Quelques noms : Braque, Calder, Del Rey, Gasiorowski, Giacometti, Kuroda, Mirò, Tapiès… Très belle librairie.

# Saint-Eustache et le quartier des Halles,
### le cœur de Paris

Les Halles ont retrouvé leur souffle et les rues, leur animation. Le quartier s'éveille peut-être moins tôt mais il s'endort plus tard. Les immeubles, sauvegardés, abritent la mode d'une clientèle jeune et branchée ; les boutiques se côtoient dans un mélange des genres qui en fait le charme. Le samedi et le dimanche matin, les gens font leur marché, s'arrêtent pour un petit verre, en passant, dans une ambiance parisienne authentique.

## ❶ L'église Saint-Eustache ★★★
2,4, impasse Saint-Eustache 75001.

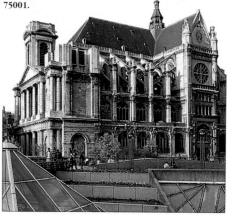

Un des joyaux de la Renaissance, l'église est aussi exceptionnelle par son histoire. On y baptisa Richelieu ; Louis XIV y fit sa première communion ; Colbert et Rameau y sont enterrés… Berlioz y donnait la première de son *Te Deum* ; Liszt, celle de sa *Messe de Gran*. Le grand orgue est des plus tuyautés de Paris, on l'écoute chaque jour en concert en fin de matinée ou d'après-midi. Les horaires précis sont affichés le jour même sur la porte de l'église.

## ❷ Dehillerin ★
18, rue Coquillière, 75001
☎ 01 42 36 53 13
Lun. 8h-12h30, 14h-18h, mar.-sam. 8h-18h, août 10h-18h.

Il vaut mieux se lever tôt pour aller chez Dehillerin avant l'arrivée des charters de Japonais. Entre un sous-sol et un rez-de-chaussée où le plancher grince, remplis du

sol au plafond, on trouve tout, absolument tout, pour la cuisine. Les ustensiles les plus divers, les cuivres, la fonte, l'alu, le plus grand, le plus petit…

### ❸ Le Centre Ville ★★
57, rue Montorgueil, 75002
☎ 01 42 33 20 40
Mar.-ven. 8h-20h, sam.-dim. 9h-13h.

Un de ces bistrots parisiens comme on les voit dans les films réalistes des années 50, aux murs beiges légèrement enfumés, au comptoir d'acajou. Quelques tableaux, les voisins de passage, les branchés habituels… On y déjeune au coude à coude.

### ❹ Kiliwatch ★
64, rue Tiquetonne, 75002
☎ 01 42 21 17 37
Mar.-sam. 10h30-19h, dim.-lun. 13h-19h.

Une adresse fluo où trouver des fripes du monde entier. Des robes de princesse et des robes de danseuse ; des robes à paillettes et des robes de

strass ; de la dentelle, du doré, du kitsch. En collection, les jeans, les pantalons à carreaux, les imprimés new age.

### ❺ La Droguerie ★
9, rue du Jour, 75001
☎ 01 45 08 93 27
Mar.-sam. 10h30-18h45, 13h en août.

Le bonheur des couleurs. Celles des écheveaux de laine, de lin, de coton ou de mohair

qui tapissent les murs. Des rubans, des perles, des plumes. Des boutons, encore des boutons, inattendus, parfois anciens (de 0,50 à 150 F). Des galons, des paillettes, des rubans de toutes sortes.

### ❻ Stohrer ★
51, rue Montorgueil, 75002
☎ 01 42 33 38 20
T. l. j. 7h30-20h30.

### ❼ AGNÈS B. ★★
2, 3, 6, 10, rue du Jour, 75001. L'enfant, la femme (☎ 01 45 08 56 56), l'homme, le voyage
Lun.-sam. 10h-19h30.

La mode, toujours, simple, contemporaine. Le style Agnès B. Les blancs, les noirs, les naturels ; les couleurs des débardeurs et des petits gilets. Au 44 rue Quincampoix (75004), la galerie, ☎ 01 44 54 55 90. Mar.-sam 10h-19h. La peinture, la sculpture et surtout la photographie. Les tendances actuelles des jeunes artistes, les coups de cœur qu'Agnès B. essaie de promouvoir, un exemple à méditer.

La boutique a ouvert en 1730, c'est vous dire ! Stohrer était arrivé en France dans les bagages de Marie Leczinska, la fiancée de Louis XV, et s'était installé quelques années après rue Montorgueil, régalant Paris de ses puits d'amour et de ses Ali-Baba. Comme il le fait toujours dans un décor sucré de Paul Baudry à dévorer des yeux.

# Dans le quartier Saint-Paul
## le temps s'est arrêté

Vaisseau de pierre ancré au milieu du fleuve, l'île Saint-Louis est comme un village au cœur de la ville. Les berges tranquilles, les façades nobles et le paysage de la Seine la transportent hors du temps. De l'autre côté du pont Marie, entre les quais et l'église Saint-Paul, les immeubles et les rues se chargent de souvenirs. Une des plus belles balades de la capitale.

### ❶ Izrael ★★
**30, rue François-Miron, 75004**
☎ 01 42 72 66 23
**Mar.-sam. 9h30-13h, 14h30-19h, f. août.**

Un marchand d'épices comme on en trouve en Orient. Empilage de sacs, de caisses, de boîtes, pêle-mêle de senteurs et de couleurs : tout ce qu'on peut trouver de par le monde pour faire la cuisine et la parfumer tient miraculeusement dans cette petite boutique au sublime désordre. Un régal.

### ❷ Calligrane ★★
**4, 6, rue du Pont-Louis-Philippe, 75004**
☎ 01 40 27 00 74
**Mar.-sam. 11h-19h.**

Papiers du monde entier, incrustés d'écorces de bois précieux, plissés japonais, parcheminés (abat-jour sur commande), pastel, vifs, bref de quoi écrire en beauté.

### 3 Galerie Sâling ★★
14, rue de Fourcy, 75004
☎ 01 40 27 95 75
Lun.-sam. 10h30-20h, dim.
14h-19h.

Les objets artisanaux d'Asie
centrale sont la spécialité de
la Galerie. La majorité des
bijoux, des vêtements et des
tapis vient d'Afghanistan.
Les bagues en argent avec
pierre semi-précieuse sont
magnifiques, certains coffrets
à épices du Pakistan sont
particulièrement beaux.
Bijoux à tous les prix
de 100 à 10 000 F.

### 4 Papier + ★★
9, rue du Pont-Louis-
Philippe, 75004
☎ 01 42 77 70 49
Lun.-sam. 12h-19h.

Une des premières boutiques
du genre où le papier est traité
avec art, dans un décor
composé dont il fait l'essentiel.
70 couleurs de crayons, livres
blancs déclinés en arcs-en-ciel
de papier toilé, papier recyclé
vendu au kilo (80 F).

### 5 Les hôtels
particuliers ★★★
Un itinéraire où l'architecture
le dispute à l'histoire. L'hôtel
de Sens rue du Figuier, avec
ses tourelles d'entrée, d'aspect
encore médiéval. La reine

Margot y habita. L'hôtel de
Beauvais, rue François-Miron,
où Mozart vécut en 1763.
L'hôtel Lambert, rue Saint-
Louis-en-l'Île, où dînèrent
Chopin et Delacroix. L'hôtel
de Lauzun, quai d'Anjou où
écrivirent Baudelaire et
Théophile Gautier.

### 6 Le village
Saint-Paul ★★
23, 25, rue Saint-Paul,
75004
Jeu.-lun. 11h-19h,
f. mar. et mer.

Un marché d'antiquités
sur rue et sur cours,
pas une voiture.

ARISTOTE, ☎ 01 42 77 92 94.
Bibelots et petits meubles.
LE PUCERON CHINEUR,
☎ 01 42 72 88 20. Argenterie.
LA SOURIS VERTE,
☎ 01 42 74 79 76.
Linge, bibelots, dentelles,
verrerie. AU DÉBOTTÉ,
☎ 01 48 04 85 20. Meubles et
objets du XVIIIe s.,
toiles peintes,
boiseries,
bois dorés et
sculptés.

### 7 L'ÎLE
SAINT-LOUIS ★★★
C'était l'annexe du
Marais à la fin du
XVIIe s.
L'île a gardé un cachet
provincial, des rues calmes
où couler des jours
tranquilles. À n'importe
quelle heure du jour, faites-
en le tour par les quais,
même si le ciel est gris,
vous découvrirez les plus
beaux paysages de Paris. Le
soir, au passage des
bateaux-mouches, elle
s'éclaire fugitivement,
comme parée pour une fête
secrète, puis elle retourne à
son mystère.

PASSE-PARTOUT,
☎ 01 42 72 94 94.
Clefs et serrurerie,
tire-bouchons, casse-noisettes,
vieux Laguiole ; tout sur
l'écriture et le tabac.

# le Marais, Un musée à ciel ouvert

**❶ La place des Vosges ★★★**

Elle est presque intacte avec ses pavillons de briques et de pierres depuis qu'Henri IV commanda sa construction en 1609. Les gens du quartier la traversent pour aller faire leurs courses rue Saint-Antoine, en passant par le jardin

Au XVIIe s., le quartier était à la mode. Il fallait y avoir une maison et les architectes rivalisaient d'élégance. Mais Paris est versatile ; avec le XVIIIe s., tout changeait : l'aristocratie se rapprochait des Tuileries et du faubourg Saint-Germain. Au XIXe s., des ateliers, des entrepôts s'installaient dans les cours à l'abandon. Pour longtemps. Aujourd'hui, le Marais a retrouvé son charme, la noblesse de ses rues. Une population cosmopolite lui apporte le piment de ses traditions ; galeries, boutiques, restaurants attirent une clientèle de tous genres. C'est aussi l'épicentre de la communauté gay.

de l'hôtel de Sully. On s'y balade sous les voûtes, devant les vitrines d'antiquaires, de libraires, les galeries et les boutiques de mode. Le soir venu l'ombre de Victor Hugo, qui l'habita longtemps, accompagne le promeneur. Une des plus jolies flâneries de Paris.

### ❷ Le musée Carnavalet ★★★
23, rue de Sévigné, 75003
☎ 01 42 72 21 13
T. l. j. 10h-17h40, f. lun.
Entrée payante.

On peut entrer dans la cour admirer l'un des rares hôtels Renaissance de Paris. Flâner dans les salles, retrouver l'ambiance d'une demeure

parisienne des XVIIe s. et XVIIIe s. Passer dans les collections de la Révolution,

s'arrêter devant les tableaux d'Hubert Robert et les souvenirs de la famille royale ; finir par le décor 1900 imaginé par Mucha pour la bijouterie Fouquet. Ce ne sera pas long. Boutique et librairie passionnantes pour les amateurs de l'histoire de la capitale.

### ❸ Paris-Musées ★
29 bis, rue des Francs-Bourgeois, 75004
☎ 01 42 74 13 02
Mar.-sam. 11h-19h, lun. 14h-19h, dim. 11h-18h30.

Avec peu de choses et beaucoup de talent, Jean Oddes a décoré une boutique dans l'esprit XVIIe s. : du carton, du grillage, du bois simplement patiné. On y vend, pour la table et la maison, des objets « dérobés », dont les modèles se trouvent dans les collections des musées de la Ville de Paris.

### ❹ Le musée Picasso ★★★
Hôtel Salé
5, rue de Thorigny 75004
☎ 01 42 71 25 21
T. l. j. 9h30-17h50, f. mar.
Entrée payante.

Dans un des plus beaux hôtels du Marais est exposé un panorama complet de l'œuvre de Picasso. Entrez-y, ne serait-ce que pour l'*Auto-portrait* de la période bleue, la *Nature morte à la chaise cannée* des années cubistes et *La Flûte de Pan* des années classiques. En sculpture, ne manquez pas

l'étonnante *Guenon et son petit* ni la *Petite fille sautant à la corde*. Allez voir aussi le plus beau Matisse de Paris : la *Nature morte aux oranges*. Belle librairie-carterie.

### ❺ Les Deux Orphelines ★★
21, pl. des Vosges, 75003
☎ 01 42 72 63 97
Lun.-ven. 11h-19h, f. août.

Un fauteuil de paille fin de siècle, un guéridon de bois blond, un paysage à l'aquarelle, un bouquet encadré… Passé la porte, le charme de ce magasin d'antiquités vous prend comme un air de campagne.

### ❻ Autour du Monde Home ★
8, rue des Francs-Bourgeois 75003
☎ 01 42 77 06 08
Mar.-sam. 10h30-19h30, dim. 13h, lun. 11h30.

La boutique se décline au naturel. Les meubles sont en bois de récupération (le « *barnwood* » américain) ; les objets, souvent anciens, viennent des États-Unis ou du Portugal et portent la marque de la tradition. Les vêtements de la collection « basics » de Bensimon sont en lin ou en coton, comme il se doit.

### ❼ Les Mille Feuilles ★★
2, rue Rambuteau, 75003
☎ 01 42 78 32 93
Mar.-ven. 10h-12h30, 13h30-20h, sam. 19h.

À l'angle des Archives, les fleurs et les feuillages de cette boutique enchantée font courir tout Paris. Les vases, les paniers sont posés çà et là sur

un guéridon, une table de jardin, une chaise de brocante dans un joyeux bric-à-brac où tout est à vendre.

### ❽ Jean-Pierre de Castro ★★
17, rue des Francs-Bourgeois, 75004
☎ 01 42 72 04 00
Mar.-sam. 10h30-19h, dim. 11h-13h, 14h-19h, lun. 14h-19h.

L'argenterie dans tous ses états, du sol au plafond. Des modèles Grand Siècle ou années 50, à 90 % des occasions.
Couverts, théières, cafetières, plats, on ne sait plus où donner de la tête. Cuillers et fourchettes en métal argenté sont vendues au poids. C'est le moment de renouveler votre ménagère !

> **BON À SAVOIR**
>
> Le Marais est un des rares quartiers de Paris où la plupart des boutiques restent ouvertes le dimanche : bon à savoir quand on a envie de faire des courses le jour du Seigneur. Il vaut mieux vérifier les heures d'ouverture, différentes de celles de la semaine. Attention : vous ne serez pas tout seul !

### ❾ L'Art du Bureau ★
47, rue des Francs-Bourgeois, 75004
☎ 01 48 87 57 97
Lun.-sam. 10h30-13h30 et 14h30-19h, dim. 14h-19h.

Une vitrine qu'on remarque dans une rue où il y a plutôt des boutiques de vêtements. Plein d'articles de bureau en étain poli, en bois, en métal. Des fichiers, des agendas, des coupe-papier, des vases… Les stylos Mont-Blanc, Omas, Recife, Lamy…

## ❿ L'Éclaireur ★★
**3 ter, rue des Rosiers**
**75004**
**☎ 01 48 87 10 22**
**Mar.-sam. 11h-19h, lun.**
**14h-19h.**

L'Éclaireur s'est glissé sans encombre entre les colonnes d'une ancienne imprimerie nichée sur deux étages. Les meubles de designers sur lesquels sont posés les vêtements sont à vendre. La mode est plutôt avant-gardiste ; bijoux, verrerie, objets divers sont signés. On y trouve en exclusivité les créations de l'Italien Fornasetti.

## ⓫ Chez Marianne ★
**2, rue des Hospitaliers-**
**Saint-Gervais, 75004**
**☎ 01 42 72 18 86**
**T. l. j. 12h30-24h.**

Marianne est à l'angle de la rue des Rosiers où les boutiques d'artisanat juif et de prêt-à-porter se mélangent. Le mur est tapissé de bouteilles. Près de la porte, un rayon traiteur, des casiers de fruits secs et d'épices. Tableaux au-dessus du bar et spécialités d'Europe de l'Est.

## ⓬ Hariet de Prague ★★
**6, rue des Rosiers, 75004**
**☎ 01 42 77 15 87**
**Mar.-sam. 11h-19h.**

Comme chez une modiste, vous trouverez ici le petit chapeau de paille ou la capeline couverte de fleurs ou de plumes. Les formes les plus extravagantes comme la ligne la plus simple. Un beau rayon de robes de mariée haut de gamme, des robes du soir ou de cocktail.

## ⓭ Le Loir dans la Théière ★★
**3, rue des Rosiers, 75004**
**☎ 01 42 72 90 61**
**Lun.-ven. 11h30-18h, sam.-**
**dim. 10h30-18h.**

Lewis Carroll aurait aimé ce salon de thé avec son air de café anglais. On y lit journaux et magazines assis dans des fauteuils dépareillés autour de tables Henri II ou 1930. Expositions. Tartes et pâtisseries maison. Accueil sympathique.

## ⓮ Losco ★
**20, rue de Sévigné, 75004**
**☎ 01 48 04 39 93**
**Mar.-sam. 11h-19h, lun. 14h-**
**19h, dim. 15h-19h.**

C'est la boutique des ceintures. Le décor est en bois, patines et tommettes, les cuirs sont pleine fleur. Losco est un artisan qui fera devant vous la ceinture que vous voudrez, dans la couleur que vous voudrez, avec la ou les boucles que vous choisirez.

## ⓯ Caravane ★★★
**6, rue Pavée**
**75004**
**☎ 01 44 61 04 20**
**Mar.-sam. 11h-19h.**

D'Asie centrale, les Suzani, tentures brodées ; d'Inde, les appliqués et les cotons légers ; du Maroc, les tapis à partir de 130 F ; d'Afrique, les tissages Ashanti ou Lunda ; de Tunisie, les Foutas où se draper après le bain. La caravane est passée, laissant des trésors.

# La Bastille et le faubourg Saint-Antoine,
## Paris traditionnel et branché

Les ateliers et les derniers artisans font vivre les cours et les passages qui font le charme du quartier. La nuit, les bars et les restaurants drainent une clientèle mélangée de noctambules et de banlieusards dans des décors trafiqués et les rues se travestissent. Chaque vendredi soir, les motards, quant à eux se retrouvent devant l'Opéra pour un ballet dont ils connaissent seuls la chorégraphie.

**Bd Beaumarchais · Boulevard Richard Lenoir · R. de la Bastille · R. St-Antoine · PLACE DE LA BASTILLE · R. Daval · Rue · de · la · Roquette · Rue Keller · Rue des Taillandiers · Rue de Lappe · Rue de Charonne · Rue Thiéré · R. du Faubourg Saint-Antoine · Opéra Bastille · Cour du Bel-Air · Rue de Charenton · Rue de Lyon**

### ❶ Le Café des Phares ★★
7, pl. de la Bastille
75004
☎ 01 42 72 04 70
T. l. j. 7h15-3h.

Croques sympas à l'italienne et cafés intelligents. Le dimanche matin, à 11h, débats et discussions sont conduits par le philosophe Marc Marsautet, devant un public qui pose et qui se pose des questions. Comme c'est un succès, il vaut mieux arriver vers 10h. Échecs et backgammons, jazz le vendredi soir, expos de peintures ou de photos.

### ❷ Bofinger ★★
5, rue de la Bastille
75004
☎ 01 42 72 87 82
T. l. j. 12h-1h. Menu 169 F et 119 F à midi.

On n'y va plus 24 heures sur 24 comme à la création en 1864 mais la vocation universelle de cette brasserie demeure, comme le voulait Bofinger au siècle dernier. On y accueille le

monde entier. C'est dans ce décor, aujourd'hui classé « lieu de mémoire », qu'on a servi les premières bières à la pression. Excellente carte « brasserie ». Ambiance plus calme au premier étage où vous pourrez admirer les fresques de Hansi.

### 3 La galerie Jean-Paul Gaultier ★★

30, fg Saint-Antoine
75012
☎ 01 44 68 84 84
Lun. 11h30-19h30, mar.-
sam. 10h30-19h30.

Tout Gaultier à la Bastille : les trois lignes de vêtements, les meubles, le parfum, les objets inédits. Téléviseurs et mosaïques aux signes du zodiaque au sol, plafond d'étoiles aux couleurs changeantes, murs en carrelage métro et miroirs déformants : le décor de la boutique est signé J.-P.G., il vaut le détour à lui tout seul.

### 4 L'opéra Bastille ★★

Place de la Bastille, 75011
☎ 01 44 73 13 99
**Locations**
T. l. j. 9h-19h au
☎ 08 36 69 78 68 ; minitel
3615 THEA.

Tout était controversé : l'emplacement loin du centre, au cœur d'un quartier populaire, l'architecture épurée de Carlos Ott , l'acoustique de l'immense salle aux 2 700 places. Les débuts ont été difficiles : querelles de pouvoir, rivalités multiples, divergences d'opinions, problèmes financiers. Depuis les esprits se sont calmés et le public ne se passionne plus que pour la qualité des voix, la sonorité de l'orchestre, la maîtrise de la scène. Un des monuments des années Mitterrand, toujours à la pointe de l'actualité.

### 5 Le Café du Passage ★★

12, rue de Charonne
75012
☎ 01 49 29 97 64
T. l. j. 18h-02h,
sam. 14h- 02h.

On y grignote jusqu'à très tard dans un cadre *very british* inattendu à la Bastille. Les artisans du quartier côtoient architectes ou cinéastes sous les miroirs du bar, dans le salon aux fauteuils houssés de safran et de rouge sang. Une autre façon de traiter le bar à vins.

### 6 L'arbre à Lettres ★★

62, fg Saint-Antoine, 75012
☎ 01 53 33 83 23
Lun.-sam. 10h-20h, dim.
14h30-19h, f. dim. en été.

### 7 LA RUE DE LAPPE

On a beaucoup parlé de la rue de Lappe, des nuits qu'on y passait avec les « apaches » et les filles quand la Bastille était l'endroit où s'encanailler. Le Balajo a gardé un peu d'esprit mais que dire des restaurants japonais ou tex-mex frelatés et des bars à bière à touche-touche ? La nostalgie n'est plus ce qu'elle était.

Une librairie générale glissée furtivement entre deux vitrines de marchands de meubles. Une certaine rigueur, un gris conventuel que vient casser la pièce réservée au rayon « Beaux-Arts ». Ouverte sur les arbres de la cour Bel-Air, une des plus jolies du quartier. Restée telle qu'elle devait être au XIXe s.

# séjourner mode d'emploi

**P**aris compte plus de milles établissements, surtout des deux et trois étoiles. Choisissez votre hôtel, bien sûr, en fonction de vos moyens (Paris est, à qualité égale, plus cher que la province) mais aussi dans un quartier proche de vos critères personnels de « qualité de vie ».

## HÔTELS

Avec du monde, du bruit, international, mais pratique d'accès, choisissez l'Opéra, les grands boulevards, la Madeleine. Chic et cher, choisissez les Champs-Élysées ; calme et résidentiel, préférez les 9e, 16e ou 7e arrondissements ; plus vivant, plus jeune et parfois meilleur marché : la Rive Gauche.

Les fourchettes de prix des chambres doubles sont environ de 180 à 350 F pour un établissement une étoile, de 350 à 500 F pour un établissement deux étoiles, de 500 à 800 F pour un établissement trois étoiles. Au-delà, les prix dépassent allègrement 800 F par nuit. Les « étoiles » hiérarchisant les établissements, décernées par le ministère du Tourisme et la Préfecture, prennent en compte la taille des chambres (12 m2 minimum dans un hôtel trois étoiles), le confort , s'il y a une garde de nuit ou non, le personnel bilingue ou trilingue, bref des critères divers et variés. D'un quartier à l'autre, d'un hôtel à l'autre, il est impossible d'unifier la classification des hôtels.

### RÉSERVER UNE CHAMBRE

D'avril à novembre, il est indispensable de réserver, par téléphone en confirmant ensuite par courrier ou par fax. Il faut ensuite envoyer des arrhes par chèque ou donner votre numéro de carte de paiement (10 à 15 % du prix) : la chambre vous attendra jusqu'à 18h le jour prévu ou plus tard si vous prévenez. Sinon, l'hôtelier s'arroge le droit de conserver ces arrhes, estimant avoir subi un préjudice en n'ayant pas loué la chambre. Sauf en mai, juin, septembre, octobre, vous pouvez essayer de négocier le prix d'une chambre de luxe pour une chambre plus simple ou d'obtenir une réduction de 30 à 40 %. Résultat non

garanti... Si vous venez à Paris hors-saison, mais au moment d'une grande manifestation (Mondial de l'Automobile, salon de l'Agriculture…), là aussi il est essentiel de réserver. L'office de tourisme de Paris est à même de vous aider à vous loger et à réserver (voir numéros utiles, sur le rabat de la couverture). Il existe aussi un service centralisé de réservations hôtelières :

☎ 01 43 59 12 12, ou sur minitel 3616, ELY 1212.

## LES SERVICES

Si vous avez des enfants, vous pouvez demander un lit supplémentaire dans une chambre double ou négocier une suite ; mais si vous ne pouvez pas vous séparer de votre fox-terrier, l'hôtelier peut, à sa guise, l'accepter ou le refuser. Le petit déjeuner n'est pas toujours compris dans le prix de la chambre. Compter de 30 à 80 F suivant l'établissement. Si vous avez la télé dans la chambre, tant mieux. En revanche, méfiez-vous des petites bouteilles dans le mini-bar s'il y en a un : elles sont souvent au prix d'une grande pour une boisson équivalente.

## RÉSIDENCES DE TOURISME ET CHAMBRES EN VILLE

Résidences de tourisme, chambres chez l'habitant sont également prêtes à vous accueillir (voir office de tourisme ; numéros utiles, sur le rabat de la couverture). *Tourisme chez l'habitant*, 15, rue des Pas-Perdus, 95804 Cergy-St-Christophe (BP 8338) ☎ 01.34.25.44.44 (chambres

## LES RESTAURANTS LA NUIT

Le service est généralement assuré jusqu'à 22h ou 23h. Au-delà, vous pouvez aller à *La maison d'Alsace*, 39, Champs-Élysées, 75008, ☎ 01 53 93 97 00, au *Pied de Cochon*, 6, rue Coquillière, 75001, ☎ 01 40 13 77 00 ou au *Grand Café*, 4, bd des Capucines, 75009, ☎ 01 43 12 19 00 qui restent ouverts toute la nuit. Vous avez aussi le choix entre l'un des restaurants de ces chaînes franchisés : *Hippopotamus, Le Bistro Romain* ou *Léon*, par exemple, qui sont ouverts tard, tout comme les fast-food… mais peut-on encore parler de restauration ?

pour 2, 168 F/206 F avec salle de bain et petit déjeuner, 50 F de frais de dossier).
Pour les jeunes qui veulent se loger bon marché : Résidence Bastille, 151, av. Ledru-Rollin, 75004, ☎ 01 42 72 72 09 ou UCRIF, 27, rue de Turbigo, 75002, ☎ 01 40 26 57 64. Au Centre international de séjour de Paris, 17, bd Kellermann, 75013, ☎ 01 44 16 37 38, sorte d'auberge de jeunesse 2 étoiles, vous dormirez pour 156 F/pers. petit déj. inclus en chambre double, 113 F en dortoir de 8, petit déj. inclus.

Vous pouvez également camper ou dormir dans un mobilhome au bois de Boulogne, allée du bord de l'eau (tout un programme…), ☎ 01 45 24 30 00, ouv. toute l'année.

# RESTAURANTS

On trouve à Paris de tout, vraiment tout, à tous les prix, de la cuisine bien française ou exotique, sophistiquée ou régionale, dans un petit bistrot, une brasserie animée ou un restaurant gastronomique. Si l'adresse est réputée, il vaut mieux réserver (par téléphone).

Malheureusement, les quartiers touristiques ne sont pas toujours synonymes de hauts lieux gastronomiques et les prix pratiqués dépassent souvent la qualité du repas servi. Soyez vigilant notamment à Montmartre, aux Halles ou à Montparnasse, hormis quelques adresses reconnues de longue date.

## COMBIEN ÇA COÛTE ?

Les prix indiqués sur la carte sont toujours pour un plat d'une personne. Certains restaurants proposent des menus à prix fixe auquel il faut rajouter les boissons (certaines formules proposent plat + verre de vin). Le prix moyen d'un bon repas sera toujours plus élevé qu'en province. On peut dîner pour 70 F dans un petit restaurant, mais il vaut mieux compter 100-120 F par personne.

Il est d'usage de laisser un pourboire au garçon (environ 15 % de l'addition). Si vous êtes en manque de tabac, la plupart des restaurants ont toujours quelques paquets de brunes ou de blondes. Dans les grands restaurants, monsieur pourra même commander son Havane préféré, à condition de ne pas être assis dans la salle « non fumeurs ».

# CAFÉS GLACIERS BARS

## Taverne Henri-IV

13, pl. du Pont-Neuf, 75001, ☎ 01 43 54 27 90. M° Pont-Neuf. 12h-20h30, sam. 12h-16h, f. sam.-dim. en été.

Entre la Samaritaine et le Quartier Latin, une halte épicurienne pour déguster un verre de bon vin – beaujolais, chinon, morgon.... – sélectionné par le patron (qui met éventuellement lui-même en bouteille) avec une tartine grillée et charcuterie aveyronnaise ou fromages bien de chez nous (80 F environ).

## Berthillon

31, rue Saint-Louis-en-l'Île, 75004, ☎ 01 43 54 31 61 M°Pont-Marie. 10h-20h, f. lun. et mar. hors saison.

Si c'est l'été, attendez-vous à faire la queue (très longue le dimanche), mais c'est justifié. Les sorbets aux melon, mandarine, framboise, poire Williams..., sont fondants.

## Le Flore en l'Île

42, quai d'Orléans, 75004 ☎ 01 43 29 88 27 M° Pont Marie. 8h30-2h.

Si, sur le coup de minuit, l'envie vous vient de manger un gâteau au chocolat ou une crème brûlée en buvant un thé, et, qui plus est, dans l'île Saint-Louis, voilà l'adresse idéale.

## Café maure de la Mosquée

38, rue Geoffroy-Saint-Hilaire, 75005 ☎ 01 43 31 18 14 M° Jussieu. T. l. j. 8h30 -24h.

C'est bondé le week-end, mais c'est un voyage de l'autre côté de la Méditerranée assuré : cornes de gazelle, thé à la menthe dans des verres, mosaïques et plateaux marocains, et tout ça pour trois francs six

sous. Et vous pourrez aussi profiter du hammam, juste en face.

## Harry's Bar

5, rue Daunou, 75002 ☎ 01 42 61 71 14 M° Opéra. T. l. j. 10h30-4h.

Une institution créée en 1911, fréquentée en leur temps par Hemingway, Fitzgerald, pour amateurs de whisky pur malt ou de cocktails élaborés. Beaucoup de monde et de bruit de discussions plus ou moins enflammées.

## Damman's

20, rue du Cardinal-Lemoine, 75005 ☎ 01 46 33 61 30 M° Cardinal-Lemoine. 14h-18h (20h l'été), f. w.-e. et j.f.

Pour faire un repas de glaces de quoi attraper mal au ventre, mais aussi pour manger une petite salade vite fait bien fait.

## La Pagode

57 bis, rue de Babylone, 75007, ☎ 01 45 56 10 67 M° St-François-Xavier T. l. j. 16h-22h, dim. 14h-20h.

Temple du cinéma d'avant-garde au décor rouge de Chine, on peut non seulement y faire une toile, mais grignoter une tarte aux pommes avec un thé (40 F env.), même dans le jardin s'il fait beau.

## Café Blanc

**40, rue François-1er, 75008**
**☎ 01 53 67 30 13**
**M° George-V. Lun.-ven. 8h-**
**19h, sam. 11h. f. dim.**

À défaut d'une petite robe Courrège bien structurée, vous dépenserez moins en avalant une tarte salée (thon-épinards ou poulet-tomate) ou un petit plat du jour petit prix (menu 60 F).

## La Coupole

**102, bd. Montparnasse,**
**75006, ☎ 01 43 20 14 20**
**M° Vavin. T. l. j. 7h30-2 h.**

Pour boire un verre en terrasse (couverte), manger un tartare ou des fruits de mer, participer à un thé dansant (3ème âge garanti), draguer le gigolo (rare !), la célèbre brasserie des années 30 aux piliers et plafonds peints a un peu perdu de saveur, mais il faut tout de même y passer.

## L'Écluse

**64, rue François-1er, 75008,**
**☎ 01 47 20 77 09 M°**
**George-V**
**T. l. j. 11h30-1h.**

Une institution ce bar à vin, pour un verre (ou une bouteille) de bordeaux, Château La Lagune ou saint-estèphe, pauillac ou saint-émilion. Prix tout de même assez élevés. À accompagner d'un carpaccio ou d'une assiette de fromages (58 F).

# HÔTELS

Tous les prix s'entendent pour une chambre double, avec ou sans petit déjeuner. Presque toutes ont TV câblée, mini-bar et coffre.

## Tuileries ★★★
**10, rue Hyacinthe, 75001**
**☎ 01 42 61 04 17**
**fax 01 49 27 91 56**
**M° Tuileries. 790-1 200 F.**

Rare : un relais du silence derrière la place Vendôme. Dans cette maison du XVIIIe classée et restaurée, ancienne demeure de la première dame de Marie-Antoinette, une clientèle fidèle apprécie les 26 chambres climatisées, toutes avec salles de bains, TV, coffre, meubles anciens, tableaux... et un service exceptionnel.

## Britannique ★★★
**20, av. Victoria, 75001**
**☎ 01 42 33 74 59**
**fax 01 42 33 82 65**
**M° Châtelet**
**830-950 F, petit déj. 58 F.**

Dans une avenue calme, à deux pas des bouquinistes et des pépiniéristes, 40 chambres très confortables dans un hôtel créé en 1840 par des Anglais. Un petit côté british avec des fauteuils club, des reproductions de tableaux de Turner (60 % de la clientèle est américaine et anglaise). Mais moderne car bientôt sur Internet.

## Saintonge ★★★
**16, rue de Saintonge, 75003, ☎ 01 42 77 91 13**
**fax 01 48 87 76 41**
**M° Rambuteau**
**ou Filles-du-Calvaire.**
**490-560 F, petit déj. 45 F.**

Derrière les Archives nationales, au cœur du Marais, un hôtel à l'image du quartier : cave voûtée pour le petit déjeuner, murs en pierre, poutres, mais le confort moderne et une agréable ambiance conviviale.

## Pavillon de la Reine ★★★★
**28, pl. des Vosges, 75003**
**☎ 01 40 29 19 19**
**fax 01 40 29 19 20**
**M° Saint-Paul ou Bastille**
**1 850-2 100 F.**

Un lieu de rêve sur une des places les plus attachantes de la capitale. 55 chambres pour se croire à une autre époque, dans le calme puisqu'elles donnent toutes sur une cour ou un petit jardin. Une décoration raffinée : boiseries aux murs, baldaquins, meubles de style Louis XIII, et le confort absolu. Pour amoureux du Grand Siècle.

## Caron de Beaumarchais ★★★
**12, rue Vieille-du-Temple, 75003, ☎ 01 42 72 34 12**
**fax 01 42 72 34 63**
**M° Hôtel de Ville ou St-Paul**
**690-770 F, petit déj. 54 F.**

Beaumarchais a habité à trois pas de là ; son *Mariage de Figaro* a inspiré le décor des charmantes 19 chambres climatisées : tissus d'après des modèles d'époque, meubles anciens, carrelage des salles de bain réalisé par un artisan et peint à la main, cheminée Louis XVI dans le salon et un sol en pierre et cabochons.

## Les Deux Îles ★★★
**59, rue Saint-Louis-en-l'Île, 75004, ☎ 01 43 26 13 35**
**fax 01 43 29 60 25**
**M° Pont-Marie**
**850 F, petit déj. 50 F.**

17 petites chambres en pleine île Saint-Louis, toutes insonorisées, aux salles de bains carrelées dans un style azulejos portugais bleu et blanc, des tissus provençaux, trois salons en sous-sol où prendre son petit déjeuner, un charme de bon aloi.

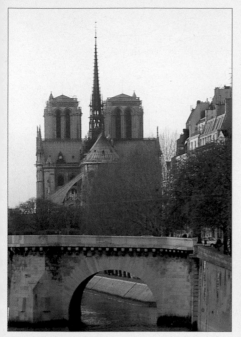

jardin..., autant de raisons de s'arrêter ici.

### L'Abbaye ★★★

10, rue Cassette, 75006
☎ 01 45 44 38 11
fax 01 45 48 07 86
M° Saint-Sulpice. 960-
1 900 F petit déj. compris.

Dans un ancien couvent entre cour et jardin (agréable pour les petits-déjeuners l'été), 42 chambres, pas très grandes mais toutes différentes et confortables. Un accueil personnalisé, un mélange raffiné de tradition et de modernité donnent à cette charmante demeure calme une réelle séduction.

### Saint-Dominique ★★

62, rue Saint-Dominique,
75007, ☎ 01 47 05 51 44
fax 01 47 05 81 28
M° Invalides
520-620 F, petit déj. 40 F.

### Notre-Dame ★★★

19, rue Maître-Albert,
75005, ☎ 01 43 26 79 00
fax 01.46.33.50.11. M° St-Michel ou Maubert-Mutualité
690-750 F, petit déj. 40 F.

Au calme, en face de la cathédrale, 34 chambres meublées ancien, certaines avec poutres et pierres apparentes, salles de bains avec WC, coffre, TV et, ce qui ne gâte rien, un accueil attentionné. Dans le salon, une magnifique tapisserie d'Aubusson.

### Select ★★★

1, pl. de la Sorbonne,
75005, ☎ 01 46 34 14 80
fax 01 46 34 51 79
M° Luxembourg. 670-805 F,
petit déj. buffet : 40 F.

Un décor contemporain original dans une maison avec poutres apparentes. Autour du patio intérieur, sous un dôme de verre où grimpe une végétation abondante, les salons. 67 chambres climatisées, spacieuses, un bar en sous-sol, une cascade. À deux pas du Luxembourg, idéal pour le footing du dimanche matin.

### Le Clos Médicis ★★★

56, rue Monsieur le-Prince,
75006, ☎ 01 43 29 10 80
fax 01 43 54 26 90
M° Luxembourg
790-990 F, petit déj. 60 F.

Demeure particulière à la fin du XIXe s., cette résidence compte aujourd'hui 37 chambres et suite en duplex, insonorisées et climatisées. Un petit côté provençal avec une tonalité ocre jaune, des meubles anciens, des matériaux (pierre, bois, fer forgé), des tomettes dans les salles de bains, des tissus lumineux, et un petit

Dans un immeuble XVIIe s. restauré (poutres d'origine dans la réception), 34 chambres avec des meubles de style anglais en pin, un patio pour l'été. Une ambiance «village», un emplacement idéal pour passer la matinée au musée d'Orsay, avant de faire les boutiques du quartier Opéra ou même d'aller à pied aux Champs-Élysées.

## Bersoly's

**28, rue de Lille, 75007,**
**☎ 01 42 60 73 79**
**fax 01 49 27 05 55**
**M° Rue du Bac**
**660-760 F, petit déj. 50 F.**

Dans le quartier des antiquaires et proche du musée d'Orsay, cet hôtel est installé dans un ancien couvent du XVIIe s. Chacune des 16 chambres climatisées porte le nom d'un peintre (Picasso, Renoir, Lautrec, Gauguin...) et la reproduction d'une de leurs œuvres les décore ; un escalier de pierre mène aux salles voûtées du petit déjeuner.

## Franklin Roosevelt ★★★

**18, rue Clément-Marot**
**75008, ☎ 01 53 57 49 50**
**fax 01 47 20 44 30**
**M° Franklin Roosevelt**
**945-1500 F, petit déj. 65 F.**

Dans un des plus luxueux quartiers de la capitale, le Franklin-Roosevelt évoque un hôtel particulier avec ses boiseries, ses salons confortables. Les 45 chambres avec salles de bain sont décorées dans un style trompe-l'œil, ou japonisant, avec des tonalités printanières et fraîches. Le calme chic.

La Vue (détail) - Fin du XVe siècle

*6, rue de l'Arcade 75008 Paris - Tél : (1) 42 66 03 07*

## Beau Manoir ★★★★

**6, rue de l'Arcade, 75008**
**☎ 01 42 66 03 07**
**fax 01 42 68 03 00**
**M° Madeleine**
**1 200 F avec petit déj. buffet.**

Dans les 29 chambres spacieuses et 3 suites de cet hôtel de charme situé près des grands magasins et du faubourg Saint-Honoré, les meubles ont été dénichés à Drouot, le salon est décoré d'une superbe verdure d'Aubusson, le calme est garanti, le confort également. Le petit déjeuner est servi, sous forme de buffet, dans des caves voûtées. Possibilité de repas (150 F env.) dans la chambre préparé par un élève des Troisgros.

## Lido ★★★

**4, passage de la Madeleine,**
**75008, ☎ 01 42 66 27 37**
**fax 01 42 66 61 23**
**M° Madeleine ou Auber**
**980-1100 F, petit déj. offert.**

Si près du bruit des rues autour des grands magasins et si calme, c'est une aubaine. Les 32 chambres climatisées, décorées de tissu clair, avec salles de bains, la restauration en chambre sur demande, la cave voûtée où profiter du petit déjeuner-buffet sont autant de plus à cet établissement à l'accueil sympathique.

## Galileo ★★★
54, rue Galilée, 75008,
☎ 01 47 20 66 06. fax
01 47 20 67 17 M° George-V.
950 F, petit déj. 50 F.

Dans le «triangle d'or» de George-V, un hôtel de 27 chambres climatisées, décorées dans un style contemporain, avec des meubles de designers, salles de bains en marbre gris clair. Pour le confort, une cheminée et un jardin d'hiver prolongé par un vrai jardin.

## Tronchet ★★★
22, rue Tronchet, 75008
☎ 01 47 42 26 14
fax 01 49 24 03 82
M° Madeleine
560-860 F, petit déj. 50 F.

Au cœur de Paris, à deux pas des grands magasins, du quartier de l'Opéra, des bistrots de la rue Daunou et des théâtres. Rare à Paris, cet hôtel possède aussi un parking public à proximité. Les 34 chambres rénovées sont toutes décorées avec charme. Certaines ont même des poutres

apparentes et la plupart sont climatisées. À noter la salle à manger voûtée ou vous pourrez prendre votre petit-déjeuner, à moins, bien entendu, que vous ne préferiez qu'on vous le serve au lit…

## Union Hôtel ★★★
44, rue Hamelin, 75016
☎ 01 45 53 14 95
fax 01 47 55 94 79
M° Iéna
750-870 F, petit déj. 45 F.

Proche du musée Guimet et de l'Etoile, cet hôtel au charme tranquille, récemment rénové a 41 chambres au décor plutôt moderne, toutes avec salles de bain en marbre, TV, mini-bar, et un petit jardin intérieur où, s'il fait beau, on prend le petit déjeuner. Service rapide et ponctuel.

## Pergolèse ★★★★
3, rue Pergolèse, 75116
☎ 01 53 64 04 04
fax 01 53 64 04 40
M° Argentine
1 250-1 700 F, petit déj. 70-95 F.

C'est l'architecte d'intérieur Rena Dumas qui a signé là un lieu sobre, audacieux, raffiné. Un mur en briques de verre en

arc de cercle, des piliers bleu gitane sur des murs terre de Sienne, un mobilier en frêne blond…
Quarante chambres climatisées, un lampadaire-écritoire-mini-bar-TV, des détails recherchés. Beau-simple-élégant.

# RESTAURANTS

## Muscade

66, galerie Montpensier,
75001
☎ 01.42.97.51.36
M° Palais-Royal
T. l. j. 12h15-24h
À la carte : 148-188 F.

L'appartement de Cocteau, juste au-dessus, a inspiré la déco : marbre noir et blanc, appliques tenues par des mains. Gambas, calamars, saumon et « l'idée ou le potage du jour ». Salon de thé l'après-midi (délicieuse tarte au chocolat-orange) et terrasse.

## Le Grand Colbert

2-4, rue Vivienne
75002
☎ 01 42 86 87 88
M° Richelieu-Drouot
T. l. j. 12h-1h, voiturier le soir. Menu 155 F.

Au menu, trois entrées, trois plats, trois desserts (dont le traditionnel baba) et le café. Le décor datant de 1830 n'a pas changé (au sol, de superbes mosaïques). À la carte, compter 200 F. Remarqués : tranche de morue grillée avec purée au jus de truffes, saumon à l'unilatéral au sel de Guérande, bœuf gros sel. Et, amusante, une carafe de champagne de 50 cl. Ne pas se priver des bulles...

## Aux Pains Perdus

9, rue du 29-Juillet, 75001
☎ 01 42 61 17 07
M° Tuileries
9h-17h sf dim., sam. 10h.

Puisque vous avez dépensé votre argent chez un joaillier de la proche place Vendôme, vous apprécierez un sandwich délicieux (40 F), avec des ingrédients frais, dans une baguette, un pain aux céréales, une fougasse. Les pains perdus... laissez-les se perdre pour d'autres... ils manquent de moelleux.

## Ambassade d'Auvergne

22, rue du Grenier-Saint-Lazare, 75003
☎ 01 42 72 31 22
M° Étienne Marcel
12h-14h, 19h30-22h
Menu gourmet 170 F, carte env. 230 F.

Bien sûr, si vous venez de Clermont, inutile de dîner ici. Sinon, pour vous reposer de Beaubourg juste à côté, vous y dégusterez

AMBASSADE D'AUVERGNE
22 RUE
DU GRENIER
SAINT-LAZARE
75003 PARIS
TÉL. (1) 42.72.31.22
FAX (1) 42.78.85.47

des plats qui tiennent au corps, comme un cassoulet aux lentilles, un boudin aux châtaignes, des tripous ou un succulent aligot. Bruit et convivialité assurés.

## Brin de Zinc...

50, rue Montorgueil, 75002
☎ 01 40 21 10 80
M° Les Halles. Jusqu'à minuit, f. dim. Carte 180-250 F.

Un zinc somptueux, une déco bric-à-brac, les dames du quartier qui battent le pavé de la rue Montorgueil n'empêchent pas d'apprécier les plats de ménage comme la tête de veau ou un gratin de courgettes.

## La Mule du Pape

8, rue du Pas-de-la-Mule, 75003, ☎ 01 42 74 55 80
M° Chemin Vert. Lun.-ven. 11h-15h30, 19h-23h, sam.

**11h-24h, dim. sf juil. et août 11h-19h.**

Pour déjeuner, dîner ou bruncher près de la place des Vosges dans un style méridional. Grandes assiettes de copieuses salades (60 F), œufs à la florentine, brouillés, cocotte au curry, poulet au citron confit, veau aux herbes, tout est fait maison et sent bon le Midi.

## Jo Goldenberg

**7, rue des Rosiers, 75004,
☎ 01 48 87 20 16
M° St-Paul. T. l. j. 9h-24h,
traiteur 23h. Carte env. 150 F.**

Une boutique de Delikatessen appétissantes et « le » restaurant juif par excellence. Quelques spécialités : le pastrami, le bœuf strogonof, le tcholent (plat du Shabbat - cou farci + haricots sarrasin + pot au feu + moelle de bœuf), carpe farcie ou saumon fumé maison.

## Mavrommatis

**42, rue Daubenton, 75005
☎ 01 43 31 17 17
M° Censier
12h-23 h., f. lun. Menu
140 F, carte env. 200-250 F.**

**MAVROMMATIS**
*le restaurant*

*42 rue Daubenton - 75005 Paris*
*Réservation : 01 43 31 17 17*

Moustaki l'adore, c'est dire; c'est le meilleur grec de Paris. Bien calé dans une chaise bleue comme la mer, vous aurez le choix entre une trentaine de mezze. Puis épaule d'agneau aux herbes, espadon ou rouget, sheftalia (crépine d'agneau), le

tout servi avec l'accent et la gentillesse de Grecs aux yeux doux.

## Le Square

**1, rue Antoine Vollon 75012
Paris, ☎ 01 43 43 06 00
M° Ledru-Rollin
T. l. j. de midi à 14h30
et de 20h à 23h30.**

Un peu à l'écart du quartier de la Bastille, à un coin de rue, au bord d'un square au charme typiquement parisien, ce petit restaurant a conservé son décor d'origine : moulures au plafond, banquettes de cuir brun et vieux bar aux glaces biseautées. Les serveurs aussi portent un grand tablier comme dans les brasseries traditionnelles. Ce n'est pas par hasard si le Square sert très

souvent de décor de cinéma. Clientèle branchée. À déjeuner menu à 135F, un remarquable rapport qualité-prix pour des plats savoureux et imaginatifs. Le soir, à la carte, compter 230F.

## Polidor

**41, rue Monsieur-le-Prince, 75005, ☎ 01 43 26 95 34
M° Luxembourg ou Odéon
12h-14h30 et 19h-0h30.
Menu 55-100 F, carte 120 F.**

Dans un décor qui a 150 ans environ (remarquez le beau meuble pour ranger les serviettes), vous mangerez au coude à coude une blanquette de veau, un bourguignon ou une pintade aux choux. Ne manquez pas d'aller aux toilettes... pour la muraille de César Auguste.

## Brasserie des Musées

49, rue de Turenne, 75003
☎ 01 42 72 96 17
M° Saint-Paul
T. l. j. 7h-1h

Un bistrot traditionnel en plein Marais, déco style 1900, une cuisine traditionnelle à tendance auvergnate : saucisse aux lentilles, quiche, foie de veau, ris de veau, mais aussi poisson comme la sole. Plat autour de 65-90 F.

## Osteria del Passe-Partout

20, rue de l'Hirondelle
75006, ☎ 01 46 34 14 54
M° St-Michel. F. dim. Menus
86, 94 à 130 F, sam midi.

Étonnant, dans cette rue si proche de la fontaine St-Michel, la qualité d'un restaurant italien qui fleure bon le basilic, la sauge et où les pâtes ou le lapin ont un goût venu du Sud.

## Le Perron

6, rue Perronet, 75007
☎ 01 45 44 71 51
M° Saint-Germain-des-Prés
12h-15h, 19h-0h sf dim. soir.

Ambiance St-Germain et spécialités de l'Italie du Sud : spaghetti aux écrevisses ou à l'encre de seiche, tortellini aux escargots. Délicieux desserts maison et grand choix d'entrées. Mieux vaut réserver. Env. 200 F.

## Le Bistro Mazarin

42, rue Mazarine, 75006
☎ 01 43 29 99 01
M° Odéon
T. l. j. 8h30-2h, 150-250 F.

Un bistrot classique, nappes en papier, une clientèle jeune, mode, branchée, écrivaillonne. Si vous ne forcez pas sur les vins, vous pouvez vous en tirer pour 130-150F avec une entrée (chèvre chaud sur salade, œufs mimosa) et un plat (petit salé,

bourguignon, côte de veau, pavé au bleu). C'est aussi un bar à vin proposant un grand choix de bordeaux. Et, s'il fait beau, une terrasse à l'angle de la rue Callot.

## Le Café des Lettres

53, rue de Verneuil, 75007
☎ 01 42 22 52 17
M° Rue du Bac
9h-23h, dim. 12h-16h
Carte 150-200 F.

Tenu par deux Finlandaises, dans une ambiance intello-sympa, un dîner scandinave avec un Nobel de poissons fumés marinés, harengs ou saumons, boulettes. Et un patio s'il fait beau.

## Thoumieux

79, rue Saint-Dominique
75007
☎ 01 47 05 49 75
M° Latour-Maubourg
T. l. j. 12h-15h30 et 18h30-
0h, sans interruption le dim.
Menu 82 F.

Une grande brasserie classique où les produits maison (spécialités du Sud-Ouest) sont d'excellente qualité (ah ! le foie gras...). Garçons efficaces et clientèle d'habitués.

## Virgin Café

58-60, Champs-Élysées
75008
☎ 01 42 89 46 81
M° George V
ou Franklin- Roosevelt
T. l. j. jusqu'à 24h
Carte 100 F, brunch le dim.
84 et 125 F.

Les jeunes aiment cet endroit décontracté. On peut prendre un

verre ou dîner, plats bien cuisinés, de 17h à 19h «happy hours», petits vins au verre.

## Le Clown Bar

114, rue Amelot, 75011
☎ 01 43 55 87 35
M° Filles du Calvaire
12h-15h et 19h-1h,
f. dim. en été. Plats 75F env.

Un décor 1920 classé à côté du Cirque d'Hiver, sorte de musée du clown très fréquenté. Cuisine traditionnelle : saucisson chaud ou palette aux lentilles, queue de bœuf. Petits vins de terroir bien sélectionnés.

## Lina's

Bd des Italiens, 75009
☎ 01 42 46 02 06
Av. de l'Opéra, 75009
☎ 01 47 03 30 29
T. l. j.10h-23h30, 18h dim.

On se bat la semaine comme le week-end pour déguster les sandwiches les plus mode de Paris (aussi rues Étienne-Marcel, Marbeuf, St-Sulpice) à la crevette, au saumon, au jambon fumé...

## L'Avenue

41, av. Montaigne, 75008
☎ 01 40 70 14 91
M° Franklin-Roosevelt
T. l. j. 8h-24h, f. sam.-dim. en août. Carte 250-300 F.

Relookée par le décorateur Jacques Grange, cette brasserie est très haute couture et TV (toutes proches). Pour un club-sandwich même dans l'après-midi, une «suggestion» du jour, un plateau de fruits de mer ou le risotto d'escargots au pistou (le joker maison).

## Colette

213, rue Saint-Honoré, 75001, ☎ 01 55 35 33 90
M° Tuileries. Lun.-sam.
10h30-19h30. Carte 100-150 F.

Un « Bar à eau » au sous-sol d'une boutique façon Soho. Plus de 20 « crus » différents, des plats parfumés et bien cuisinés. Pour déjeuner léger quand on est dans le quartier.

## Chartier

7, rue du fg Montmartre
75009
☎ 01 47 70 86 29
M° Rue Montmartre
T. l. j. 11h30-15h et 18h-22h.

Un «bouillon» comme on n'en fait plus (classé). Il existe depuis 1896 et sert plus de 1 500 couverts par jour.
Un décor 1900, une grosse horloge, une verrière, une cuisine traditionnelle. Le jeudi, les amateurs se bousculent pour manger du pied de cochon. Chacun son petit plaisir... (80 F env.).

# QUELQUES RESTOS CLASSÉS

Parfois plus pour le décor que pour la cuisine.

## Le Grand Véfour

17, rue de Beaujolais, 75001, ☎ 01 42 96 56 27
M° Palais-Royal. F. en août.

Boiseries sculptées de style Louis XVI, toiles peintes fixées sous verre (XIXe s.) inspirées de fresques pompéiennes. La table la plus demandée : celle de Victor Hugo, avec vue sur le Palais-Royal.

## La Tour d'Argent

15-17, quai de la Tournelle 75005, ☎ 01 43 54 23 31
M° Maubert-Mutualité. F. lun.

Derrière les baies vitrées, c'est une des plus belles vues de Paris

sur Notre-Dame et la Seine. Vous n'aurez peut-être pas les moyens d'y dîner (et il faut réserver très longtemps à l'avance), mais vous le savez : il existe.

## Drouant

18, rue Gaillon, 75002
☎ 01 42 65 15 16
M° Opéra. T. l. j. jusqu'à 24h
Carte env. 400 F, menu 230 F.

Vous ne pourrez pas y aller le soir du Goncourt, mais la rampe d'escalier est belle.

## Lipp

151, bd Saint-Germain, 75006, ☎ 01 45 48 53 91
M° Saint-Germain-des-Prés
Jusqu'à 1h. Compter 250 F.

Créé en 1880, même si la choucroute n'est plus ce qu'elle était, Lipp vaut le détour. Si vous venez un vendredi soir, vous verrez peut-être Pivot et ses invités. Sinon, Diane (de Furstenberg), Françoise Sagan, Michel Charasse ou quelques vieux députés.

## Le Procope

13, rue de l'Ancienne-Comédie, 75006
☎ 01 40 46 79 00
M° Odéon. T. l. j. jusqu'à 1h.

Le plus ancien restaurant de la capitale.

## Lapérouse

51, quai des Grands-Augustins 75006
☎ 01 43 26 90 14
M° Saint-Michel
Jusqu'à 22h30, f. sam. midi et dim., et en août.

Magique...

## Le Train Bleu

Gare de Lyon, 20 bd Diderot 75014
☎ 01 43 43 09 06
M° Gare de Lyon
Jusqu'à 22h.

Avant de repartir pour Avignon ou Marseille, voyagez dans ce train historique. Dans une salle immense où tout est voué au culte du voyage, que Colette ou Gabin aimaient particulièrement, vous risquez surtout une chose : rater votre TGV...

## Lucas-Carton

9 pl. de la Madeleine,
75008, ☎ 01 42 65 22 90
M° Madeleine
F. sam. midi et dim. 400-1000 F.

Décor Majorelle de bois blond. Le talent d'Alain Senderens.

## La Closerie des Lilas

171, bd du Montparnasse,
75006, ☎ 01 40 51 34 50
M° Port-Royal
T. l. j. jusqu'à 23h30, bar 1h.

Allez dans la partie bar repérer si vous y voyez Philippe Sollers, et sirotez tout simplement un cocktail.

## Maxim's

3, rue Royale, 75008
☎ 01 42 65 27 94
M° Concorde. F. dim. tte l'année et lun. en été.

Classé en 1979, un superbe décor Art nouveau où la verrière de la

grande salle compte 180 éléments décorés de fleurs, fruits, feuilles ; miroirs et peintures murales. Plus pour le décor que pour la cuisine.

## Fermette Marbeuf

5, rue Marbeuf, 75008
☎ 01 53 23 08 00
M° Franklin-Roosevelt
Jusqu'à 23h30, 0h30 le w.-e.

Pour le superbe décor de la salle Belle Époque.

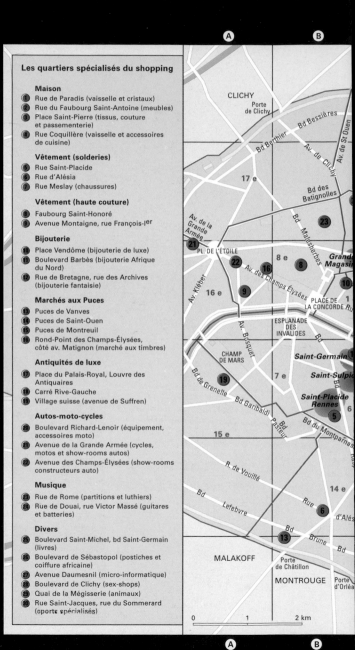

## Les quartiers spécialisés du shopping

### Maison
1 Rue de Paradis (vaisselle et cristaux)
2 Rue du Faubourg Saint-Antoine (meubles)
3 Place Saint-Pierre (tissus, couture et passementerie)
4 Rue Coquillère (vaisselle et accessoires de cuisine)

### Vêtement (solderies)
5 Rue Saint-Placide
6 Rue d'Alésia
7 Rue Meslay (chaussures)

### Vêtement (haute couture)
8 Faubourg Saint-Honoré
9 Avenue Montaigne, rue François-Ier

### Bijouterie
10 Place Vendôme (bijouterie de luxe)
11 Boulevard Barbès (bijouterie Afrique du Nord)
12 Rue de Bretagne, rue des Archives (bijouterie fantaisie)

### Marchés aux Puces
13 Puces de Vanves
14 Puces de Saint-Ouen
15 Puces de Montreuil
16 Rond-Point des Champs-Élysées, côté av. Matignon (marché aux timbres)

### Antiquités de luxe
17 Place du Palais-Royal, Louvre des Antiquaires
18 Carré Rive-Gauche
19 Village suisse (avenue de Suffren)

### Autos-moto-cycles
20 Boulevard Richard-Lenoir (équipement, accessoires moto)
21 Avenue de la Grande Armée (cycles, motos et show-rooms autos)
22 Avenue des Champs-Élysées (show-rooms constructeurs auto)

### Musique
23 Rue de Rome (partitions et luthiers)
24 Rue de Douai, rue Victor Massé (guitares et batteries)

### Divers
25 Boulevard Saint-Michel, bd Saint-Germain (livres)
26 Boulevard de Sébastopol (postiches et coiffure africaine)
27 Avenue Daumesnil (micro-informatique)
28 Boulevard de Clichy (sex-shops)
29 Quai de la Mégisserie (animaux)
30 Rue Saint-Jacques, rue du Sommerard (oports spécialisés)

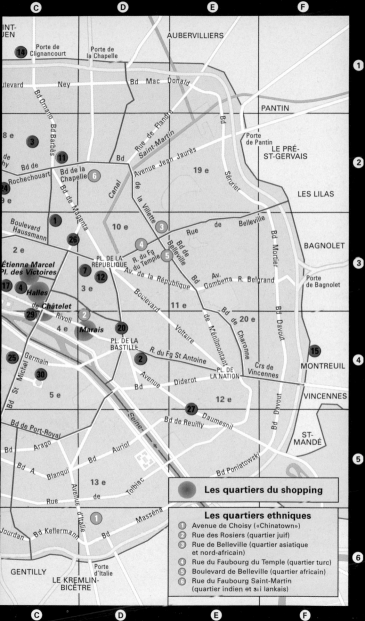

C D E F

AUBERVILLIERS

14 Porte de Clignancourt   Porte de la Chapelle

PANTIN

Bd Mac Donald

Ney

Bd Omano
Bd Barbès

Rue de Flandre
Saint-Martin

Porte de Pantin

LE PRÉ-
ST-GERVAIS

3

Bd de
Rochechouart

11

Bd de la
Chapelle

6

Avenue Jean Jaurès

Canal

19 e

Sérurier

LES LILAS

de la Villette

24

9 e

Rue

de

Belleville

BAGNOLET

Boulevard
Haussmann

1

26

PL. DE LA
RÉPUBLIQUE

10 e

3

4

R. du Fg
du Temple

Bd de Belleville

5

Bd Mortier

Étienne Marcel
Pl. des Victoires

17

4

Halles

7

12

3 e

Av. de la République

Av.
Gambetta

R. Belgrand

Porte
de Bagnolet

29

de Châtelet

2

Rivoli

Boulevard

11 e

de Ménilmontant

Bd Davout

25

30

Germain

4 e

20

Marais

PL. DE LA
BASTILLE

R. du Fg St Antoine

2

Voltaire

Bd de
Charonne

20 e

15

MONTREUIL

Bd St Michel

5 e

Avenue

Bd

Diderot

PL. DE
LA NATION

Crs de
Vincennes

Bd Davout

VINCENNES

Bd de Port-Royal

Arago

Bd A.

Blanqui

13 e

Avenue
d'Italie

Bd

de

Auriol

Seine

Tolbiac

27

Daumesnil

Bd de Reuilly

12 e

Bd Poniatowski

ST-
MANDÉ

GENTILLY

Jourdan

Bd Kellermann

Rue

1

Masséna

Porte
d'Italie

LE KREMLIN-
BICÊTRE

🔴 **Les quartiers du shopping**

**Les quartiers ethniques**

① Avenue de Choisy («Chinatown»)
② Rue des Rosiers (quartier juif)
③ Rue de Belleville (quartier asiatique
et nord-africain)
④ Rue du Faubourg du Temple (quartier turc)
⑤ Boulevard de Belleville (quartier africain)
⑥ Rue du Faubourg Saint-Martin
(quartier indien et sri lankais)

C D E F

# shopping mode d'emploi

À tout moment, il se passe quelque chose dans Paris. Ou plutôt à tout endroit on peut y faire du shopping, dans l'une des quelques 30 000 petites ou grandes boutiques.

## HORAIRES D'OUVERTURES

Généralement 9h30-10h à 18h30-19h (une nocturne par semaine dans les grands magasins qui, quelques semaines avant Noël, ouvrent aussi le dimanche). Les Monoprix et Prisunic ne ferment qu'à 21h, voire 22h (minuit pour le *Prisu* des Champs-Élysées).

De nombreuses épiceries de quartier, les fameux « arabes » souvent tenues par des commerçants maghrébins, ouvrent de bonne heure et n'éteignent leurs lumières que vers 23h ou 24h. Dans un autre registre, le drugstore des Champs-Élysées reste ouvert 24h sur 24.

Les magasins d'alimentation (boucherie, fromager ou marchand de légumes) ferment souvent entre 13h et 15h ou 16h, les dimanches après-midi et le lundi, mais les boulangeries, tabacs et pharmacies fonctionnent sans interruption. Vous aurez également toute la journée pour acheter vêtements, disques, livres, parfums, gadgets, souvenirs…

## GALERIES MARCHANDES

Des galeries commerciales sont apparues depuis une vingtaine d'années : le Carrousel du Louvre (au cœur du Grand Louvre, entrée 99, rue de Rivoli, 75001, ouv. t. l. j. sauf mardi), le Forum des Halles (entrée rue Pierre Lescot ou rue Berger, 75001, f. le dim.) ou la galerie des Champs-Élysées (entre le rond-point et la rue de Berri) regroupent cafés, restaurants, boutiques de mode, de bijoux, de cadeaux, des librairies. Agréable quand le temps n'est pas au beau fixe. Mais vous ne vous y sentirez pas vraiment seul.

## LA CAPITALE DU SHOPPING : UNE TRADITION ANCIENNE

Des corporations se sont regroupées et fixées dans certains quartiers leur imprimant un caractère particulier qui subsiste encore aujourd'hui : cristalleries et porcelainiers, rue de Paradis, libraires et éditeurs autour de Saint-Germain-des-Prés et de l'Odéon, fabricants de meubles et quincailliers d'ameublement au faubourg Saint-Antoine, facteurs d'instruments et partitions musicales, rue de Rome derrière la gare Saint-

Lazare… L'avant-garde des créateurs de mode se trouve place des Victoires ; les grands joailliers, rue de la Paix et place Vendôme ; les marchands de tissu au Marché Saint-Pierre au pied du Sacré-Cœur, et la micro-informatique vient de s'installer dans l'avenue Daumesnil près de la gare de Lyon.

## SE REPÉRER

Nous avons indiqué à côté de chacune des adresses des chapitres Shopping et Sortir leur localisation sur le plan situé p. 80-81.

## LES PRIX, LES ÉTIQUETTES

Les prix doivent toujours être affichés et ne se discutent pas dans les boutiques de détail. C'est, en revanche, le jeu de marchander aux Puces, chez un brocanteur ou un antiquaire bien disposé.

Bien sûr, vous avez craqué au Printemps ou dans un autre grand magasin devant cette si charmante table de nuit dont vous rêviez. Pas de panique : elle vous sera livrée gratuitement si elle a coûté plus de 1 000 F et si vous habitez en Ile-de-France. Si vous habitez plus loin, en France ou à l'étranger, un supplément pour la livraison sera appliqué, suivant le prix des transporteurs.

## LE RÈGLEMENT DES ACHATS

À défaut d'espèces, la carte bleue Visa est acceptée presque partout ; l'American Express, la Diner's Club ou l'Eurocard assez souvent (c'est indiqué sur la devanture par un petit panneau collé sur la porte).

Si vous ne voulez pas vous promener avec trop d'argent liquide sur vous, vous pourrez de toute façon en retirer à n'importe quelle heure du jour et de la nuit dans les innombrables distributeurs de la capitale (jusqu'à 3 000 F de retrait par semaine).

Les chèques émis sur une banque française seront partout acceptés si vous avez une carte d'identité ou un permis de conduire sur vous. Au-delà de 500 F, il n'est pas rare que le commerçant s'assure du crédit de votre compte auprès de son organisme de contrôle : n'en prenez pas ombrage.

## LIVRAISON ET EXPÉDITION

Si vous venez de trouver chez un antiquaire la petite coiffeuse XIXe ou le lit Charles X que vous pistez depuis des années, vous pourrez vous les faire expédier. Soit par le magasin lui-même, soit par un transporteur privé (devis ou prix selon volume), soit avec le Sernam. celui-ci viendra chercher le « colis » à domicile soit démonté, donc dans un carton, poids de base : 70 kg, qui sera livré à domicile (477 F pour Lyon ou Brest, 670 F à Nice), les prix augmentant ensuite par tranche de 10 kg ; soit bien protégé par le vendeur lui-même aux mêmes conditions (assurance comprise : 160 F/kg jusqu'à 7 500 F/colis). Si vous habitez en Belgique ou en Suisse, votre colis devra être mis dans une caisse en bois et le vendeur établira une facture pro-forma pour la douane.

## LA DOUANE

Si vous emportez avec vous, dans un des pays membre de la CEE, une antiquité qui ne soit pas considérée comme bien culturel (auquel cas il vous faudrait une autorisation des musées de France pour la sortir de l'hexagone), il faut acheter toutes taxes comprises (TTC), et conserver la facture. Vous n'aurez rien à déclarer. Si vous habitez en Suisse, achetez hors-taxe, le commerçant vous remettra un bordereau de vente à l'exportation que vous ferez viser à la douane en sortant de France et vous renverrez l'un des feuillets après votre arrivée au commerçant qui récupérera la taxe. Si vous voulez transporter dans votre sac de voyage la ménagère en argent massif qui vous plaisait tant, vous devrez tout simplement avoir avec vous la facture détaillée (poinçon, époque) du vendeur. Même chose pour le transporteur qui emporterait des pièces plus importantes.

**Renseignements douaniers :**
☎ 01 40 24 65 10.

# AIR DE PARIS

Difficile de parler du shopping à Paris sans évoquer quelques boutiques incontournables.
Pas forcément chic ou chères, elles sont l'essence de la capitale, le reflet de ce qu'elle offre de meilleur.
Voilà quelques adresses pour commencer.

## Guerlain

**68, av. des Champs-Élysées 75008 (A3)**
**☎ 01 45 62 52 57**
**M° Franklin D. Roosevelt**
**T. l. j. 9h45-19h, dim. 15h-19h.**

La plus belle parfumerie de Paris : un décor classé de 1912, tout de marbres et de miroirs. Vous trouverez ici tous les célèbres parfums aux noms très proustiens : *Shalimar, Chamade, l'Heure Bleue, Jardin de Bagatelle*… et le dernier né, *Champs Élysées*.

## Benneton

**75, boulevard Malesherbes 75008 (B3)**
**☎ 01 43 87 57 39**
**M° Saint-Augustin**
**Lun.-ven. 9h-18h15, sam. 9h.-12h, f. dim.**

Cette entreprise familiale de grande tradition parisienne, est l'une des dernières à avoir conservé l'authenticité de la gravure artisanale. Fondée en 1880, elle ressemble à la fois à une pharmacie du XIXe s. et à un club anglais distingué. Cartes de visite raffinées, timbrées, bordées à la gouache ou décorées avec un sujet animalier ou floral. À l'unité, 19 F la carte et l'enveloppe assortie. 180 F par 10 et 685 F par 50. Possibilité de cartes à votre nom, sur commande, expédition en province. Accueil charmant.

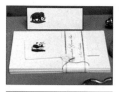

## Angélina

**226, rue de Rivoli, 75001 (C3)**
**☎ 01 42 60 82 00**
**M° Tuileries**
**T. l. j. 9h-19h.**

Ce salon de thé, à la déco surannée, est l'endroit idéal où se poser après une visite au Louvre ou une balade aux Tuileries. Vous goûterez un inimitable chocolat chaud, l'Africain (36 F), qu'on vient déguster de tout Paris, que vous accompagnerez nécessairement d'un Mont Blanc, gâteau à la meringue et crème Chantilly couvert de vermicelles de crème de marron (36 F). Chocolats à emporter (380 F le kilo).

## Poilâne

**8, rue du Cherche-Midi, 75006 (B4)**
**☎ 01 45 48 42 59**
**M° Sèvres-Babylone**
**T. l. j. 7h15-20h, f. dim.**

À Paris, le pain n'a qu'un seul nom : Poilâne. Cette boulangerie créée en 1936 doit sa renommée à son célèbre pain au levain. Cuit au feu de bois, il se conserve une semaine dans son papier d'emballage. Si vous préférez le recevoir n'importe où en France, il vous suffit de remplir un formulaire. Pour 40 F (pain de 1,9 kg), vous pourrez déguster les tartines du père Poilâne au petit déjeuner.

## Androüet

**6, rue Arsène Houssaye 75008 (B2)**
**☎ 01 42 89 95 00**
**M° Liège**
**Mar.-sam. 10h-20h.**

Les amateurs de fromage trouveront leur bonheur dans cette boutique célébrissime qui propose 150 variétés, des plus classiques comme le camembert (27, 20 F) ou la sainte-maure (40 F), aux plus originales comme Lou Picadou, chèvre roulé dans le poivre. Pour un cadeau original, laissez-vous séduire par les appétissantes boîtes-cadeaux en bois : 160 F les 6 fromages,

préparés à votre demande, et 300 F les 12.

## Ladurée

**16, rue Royale
75008 (B3)
☎ 01 42 60 21 79
M° Madeleine
T. l. j. 8h30-19h,
dim. 10h-19h, f. dim. en été.**

Cette institution parisienne est un salon de thé raffiné et très B.C.B.G., mais sa spécialité absolue, qui lui vaut sa réputation nationale, c'est le macaron. Café, chocolat, pistache, vanille, tous les parfums sauront satisfaire les plus fins palais. Un rayon vente à emporter propose des macarons à la pièce (17 F) ou au kilo pour les

plus gourmands (350 F). Ils se conservent 4 à 5 jours au réfrigérateur.

## À la Mère de Famille

**35, rue du faubourg
Montmartre, 75009 (C3)
☎ 01 47 70 83 69
M° Le Peletier
Mar.-ven. 8h30-13h30, 15h-19h, sam. 8h30-12h30, 15h-19h, f. dim. et lun. et août.**

Sans doute une des plus belles boutiques de Paris. Dans une atmosphère du début du siècle, aux boiseries d'ébène et au carrelage blanc et bleu, vous trouverez des confiseries traditionnelles des provinces de France (dragées, sablés, madeleines…). Les gourmands ne résisteront pas au «délice de la mer», chocolat recouvert de pâte d'amande rhum-raisin (38 F les 100 g.). Une belle sélection d'alcools régionaux complète cet assortiment (vieil armagnac 262 F, calvados 173 F).

## La Civette

**157, rue Saint-Honoré
75001 (C3)
☎ 01 42 96 04 99
M° Palais-Royal-Musée du Louvre
T. l. j. 9h30-19h, f. dim.**

L'adresse mythique des fumeurs parisiens propose du tabac, des pipes (certaines fort belles) et tous les accessoires qui vont avec, comme l'Humidor, une cave à cigares qui contient un humidificateur (1 100 F). Cette boutique est aussi réputée pour ses cigares en provenance de Cuba,

ET AUSSI :

**B**arthélémy, l'autre grand fromager parisien (51, rue de Grenelle, 75007, A4, ☎ 01 42 22 82 24)
**Berthillon,** LE glacier de Paris, pour ses sorbets inimitables (voir p. 59)
**Mariage Frères** pour sa sélection de thé (voir p. 108)
**Hédiard,** pour ses pâtes de fruits (voir p. 36) ; **Verlet** pour son café (voir p. 109)
**Lachaume** pour ses bouquets (10, rue Royale, 75008, B3, ☎ 01 42 60 57 26)
**Dalloyau,** pour déguster un exceptionnel croissant (5 F) en place du Luxembourg dès 8h30 le matin ( 2, pl. Edmond Rostand, 75006, C4, ☎ 01 43 29 31 10).

de Saint-Domingue ou du Honduras… De 13,60 F à 130 F l'unité. Le premier prix pour une boîte de 25 est de 190 F. Expédition partout en France.

# LA FEMME, DE LA TÊTE AUX PIEDS

Dessus-dessous et de la tête aux pieds, quelques adresses de boutiques. Des talons un peu hauts, des sandales toutes plates ; du stretch qui moule les jambes, du lin qui flotte au vent, des chapeaux rigolos, des bustiers de satin ; des manteaux à la cheville, des sacs où tout fourrer. Le jour, le soir, la ville, la campagne, le bureau, les vacances… la mode pour tous les goûts à (presque) tous les prix.

## VÊTEMENTS

### Gap
14, rue Lobineau, 75006 (C4)
☎ 01 44 32 07 30
M° Odéon
ou St.-Germain-des-Prés
Lun.-sam. 10h-20h.

New York comme si vous y étiez. Toutes les six semaines, un arrivage des USA et les soldes de la collection précédente. Les *basics* et les jeans, les cotons, les sportswear. Polos de 145 F à 200 F.

### Schinichiro Arakawa
1, rue du Plâtre, 75004 (C4)
☎ 01 42 78 24 21
M° Hôtel de ville
Mar.-sam. 11h-19h30.

Cette magnifique boutique est à l'image des vêtements très travaillés de ce Japonais qui monte. Unique en France , on trouve les étonnantes chaussures Ian Reeds ou le magazine de photos Zine 3. Tee-shirt 230-400 F, robe 1 500 F.

### Loft
12, rue du faubourg Saint-Honoré, 75008
☎ 01 42 65 59 65
M° Madeleine
56, rue de Rennes, 75006
☎ 01 45 44 88 99
M° Saint-Germain-des-Prés
Lun.-sam. 10h-19h.

Prix sages dans un décor d'entrepôt new-yorkais. Tout est emballé dans des housses de tissu, les polos, les chemises, les T-shirts. Tendance branchée et naturelle. Pantalons 600 F ; chemises, 345 F.

### Lolita Lempicka
14, rue du fg Saint-Honoré
75008 (B3)
☎ 01 49 24 94 01
M° Madeleine ou Concorde
Lun.-sam. 10h30-19h.

Un sens du théâtral, des bustiers, des crinolines pour les robes du soir. Des tailleurs et des robes près du corps dans une ambiance rose ; de la dentelle, des jeux de transparence. Robe du soir, 4 000 F. Également 46 av. V. Hugo (75016).

### Studio Lolita
2, rue des Rosiers, 75004 (D4)
M° Saint-Paul
☎ 01 48 87 09 67. Mar.-sam. 10h30-13h30, 14h30-19h.

Les collections des années passées.

## TEXTILES CHIMIQUES

Artificiel ou synthétiques, faites- vous la différence? Le textile artificiel est fabriqué avec une pâte de cellulose tirée des conifères (pins, sapins) ou des feuillus (hêtres, bouleaux). C'est le cas de la viscose, de l'acétate ou du Modal. Les matières dites «synthétiques», comme les polyamide, polyester, acrilyque, sont, elles, fabriquées à partir d'un dérivé du pétrole brut, le naphta. C'est donc la transformation chimique d'une matière première qui donne les filaments dont on fait ensuite des fils continus ou discontinus.

La route des Indes pour les accros du voyage. Soies, cachemires, voiles de coton, chambray de coton aux couleurs de l'Inde avec des rouges, des jaunes, des orangés. La veste « Nehru » fait les beaux jours de la maison, les pantalons de soie sont sublimes, à partir de 850 F.

## Être ronde en couleurs

1, rue de Rivoli, 75004 (D4)
☎ 01 48 04 56 57
M° St Paul
Lun.-sam. 10h30-19h, jeu. et ven. jusqu'à 19h30.

Le point fort pour les fortes ? Il y a tout, de la lingerie à la robe de soirée.

## Doria Salambo

38, rue de la Roquette 75011 (D4)
☎ 01 47 00 06 30
M° Bastille
Lun. 14h-20h, mar.-sam. 11h-20h.

Doria dessine ses modèles et travaille ses tissus, elle peut les modifier pour vous. Tailleurs à partir de 700-800 F.

## Sunshine

48 bis, rue de Rivoli 75004 (C4)
☎ 01 42 72 02 50
M° Hôtel de ville
172, rue du Temple 75003 (D3)
☎ 01 48 04 55 20
M° Temple
Lun.-sam. 9h30-19h.

De tout à tous les prix : des jupes à 20 F, des pantalons années 70 ou des tailleurs pied de poule, et un rayon

## Les Mariées de Lolita

15, rue Pavée 75004 (D4)
M° Saint-Paul
☎ 01 48 04 96 96
T. l. j. sur r.-v., f. en août.
Des envolées de stucs, de taffetas, de dentelles.

## Maria

28, rue Pierre Lescot 75001 (C3)
☎ 01 40 13 06 00
M° Étienne Marcel
Lun.-sam. 10h30-19h30.

Rien que des créations, de la maille et du tactel (véritable seconde peau) pour des robes aux dos-nus superbes, de 790 à 1 490 F, et trente hauts qui sortent vraiment de l'ordinaire, simple bandeau ou jeu de lacets, de 200 à 400 F.

## Mohanjefet

21, rue Saint-Sulpice 75006 (C4)
☎ 01 43 54 73 29
M° Odéon
Lun. 14h-19h, mar.-sam. 10h30-19h.

grande taille (jusqu'au 52).

## Martin Grant

32, rue des Rosiers, 75004
☎ 01 42 71 39 49
M° Saint-Paul (D4)
Mar.-dim. 11h-19h30.

Le vieux coiffeur juif a cédé la place au créateur de mode australien ! Crêpes superbes, voilages étonnants, on ne trouve ses collections qu'ici. Robe 1 500 F.

## LINGERIE

### Comme des Femmes

31, rue St Placide 75006 (B4)
☎ 01 45 48 97 33
M° St Placide
Mar.-sam. 10h-19h, lun. 11h.

Une soirée parisienne sans les dessous had hoc ? Impossible ! Ici vous trouverez l'ensemble idéal, et à un prix intéressant : toutes les grandes marques sont proposées de - 30% à -50%. L'hiver, on fait la part belle aux collants, l'été, aux maillots de bains.

## CHEMISIERS

### Big Ben Club

72, rue Bonaparte, 75006 (B4)
☎ 01 40 46 02 12
M° Saint-Sulpice
Lun.-sam. 10h30-19h30.

La première boutique de chemisiers blancs à Paris c'était Big Ben Club, l'adresse est restée incontournable. Du rami, du piqué de coton ou du pur coton, plus de quatre-vingt modèles de 295 F à 395 F, du 38 au 46.

### Anne Fontaine

64, 66, rue des Saints-Pères
75007 (B4)
☎ 01 45 48 89 10
M° Saint-Germain-des-Prés.
Lun.-sam. 10h30-14h, 15h-19h
50, rue Étienne-Marcel
75002 (C3)
☎ 01 40 41 08 32
M° Étienne Marcel
Lun.-sam. 10h30-14h, 15h-19h.

Le blanc grisant et le détail bien fait. Cotons, popelines et organdis ; boutons précieux et poignets divers. Des gilets transparents à mettre sur les chemisiers ou sans. Plus de soixante modèles de 395 à 850 F.

## SACS ET ACCESSOIRES

### Swatch Store

10, rue Royale, 75008 (B3)
☎ 01 42 60 58 38
M° Concorde
Lun.-sam. 9h30-19h.

Elles y sont toutes et plus encore. Pour 500 F par an, on devient membre du club *Swatch Collector*. Pour ce prix-là vous aurez droit, chaque année, à une montre de collection et à un guide de tous les modèles existants depuis la création. On vous communiquera aussi le code secret d'accès à une Bourse d'échanges. Pour les toqués de la toqueuse.

### Totale Éclipse

40, rue de la Roquette
75011 (D4)
☎ 01 48 07 88 04
M° Bastille
Lun.-sam.
11h-19h30.

Pâte de verre, céramique, métal argenté pour ces bijoux qui sont tous des créations originales. Pour les plus classiques, les strass se déclinent en quatre couleurs. Colliers, bagues à partir de 65 F. Quelques sacs tentants.

### Upla

17, rue des Halles, 75001
☎ 01 40 26 49 96
M° Châtelet (C3)
Lun.-sam. 10h30-13h30, 14h-19h.

La besace en toile plastifiée avec ses poches pratiques a fait le tour du monde. Nouvelle ligne de sacs

en cuir lisse déclinée en quatre couleurs, chemises, pull-over ligne sportswear et bateau. De 610 à 2 000 F la besace.

## CHAPEAUX

### Axes et Soirs

97, rue Vieille-du-Temple
750003 (D4)
☎ 01 42 74 13 62
M° Saint-Paul
Lun.-ven. 10h-19h, sam. 11h-19h, dim. 14h30-19h, f. mar.

Deux créatrices pour des bibis dans le vent, des idées plein la tête. Du sur mesure qui se paie pratiquement au prix du tout-fait et qui vous va comme un gant. On peut même apporter son tissu si on veut un réassort. Environ 1 000 F le chapeau.

### Marie Mercié

56, rue Tiquetonne, 75002
☎ 01 40 26 60 68
M° Étienne Marcel (C3)
23, rue Saint-Sulpice,
75006. ☎ 01 43 26 45 83
M° Odéon (C4)
Lun.-sam. 11h-19h.

Elle peut vous mettre un oiseau sur la tête ou vous faire porter le tricorne. Velours ou paille, elle en fait ce qu'elle veut avec humour et poésie. À partir de 900 F.

## CHAUSSETTES ET COLLANTS

### Bleu-Forêt

**33, rue des Petits-Champs 75002 (C3)**
**☎ 01 40 20 00 17**
**M° Palais-Royal-Musée du Louvre**
**Lun.-ven. 9h30-15h et 16h-18h**
**59, rue de Rennes 75006 (B4)**
**☎ 01 45 48 27 46**
**M° Saint-Sulpice**
**Mar.-ven. 10h-19h, sam. 9h30-19h30.**

En coton, en lin, en fil, en laine, chinées, unies, à fleurs... Des chaussettes faites pour être vues. Collants classiques ou sportswear et chaussettes mi-bas pour femme. À partir de 55 F.

## CHAUSSURES

### Mosquitos

**25, rue du Four 75006 (C4)**
**☎ 01 43 25 25 16**
**M° Mabillon**
**Lun.-sam. 10h-19h30**
**19, rue Pierre Lescot 75001 C3)**
**☎ 01 45 08 44 72**
**M° Les Halles**
**Lun.-sam. 10h-19h.**

Le moustique qui fait la différence : cette marque est un peu piquée, c'est tout son charme. De 395 F à 1 450 F.

### Free Lance

**22, rue Mondétour, 75001**
**☎ 01 42 33 74 70**
**M° Les Halles (C3)**
**ou Étienne-Marcel**
**Lun.-ven. 10h-19h, sam. 10h-19h30.**

Une marque qui colle à la mode, 70 si la mode est 70, 60 si elle est 60. Du classique, du rigolo, du plat, du haut. Pour les 20, 30, 40 et 50 ans. Tennis entre 280 et 400 F, chaussures à partir de 1 000 F, bottes autour de 1 500 F.

### Camper

**25, rue du Vieux-Colombier 75006 (B4)**
**☎ 01 45 48 22 00**
**M° Saint-Sulpice**
**Lun.-sam. 10h-19h.**

Les *Twins* dépareillés, le pied droit différent du gauche : c'est Camper. Les *Mix*, une collection de chaussures urbaines techno-techniques dans des matériaux futuristes

(cuir et nylon), la *Cartujana de España* en cuir gras, c'est encore Camper. Hyper-confortable et couleurs sympas, en moyenne 550 F.

---

FABRICANTS-GROSSISTES DE LA RUE DU TEMPLE

« Pas de vente au détail » indique que vous ne devriez pas pousser la porte. Sans la pancarte, n'hésitez pas à entrer dans ces boutiques pas comme les autres. Maroquinerie ou joaillerie proposent des prix imbattables, quant aux bijoux fantaisie, on vous demandera peut-être d'en acheter une corbeille pleine... pour 200 F !

# L'HOMME DE PIED EN CAP

Classique ou excentrique, businessman ou écolo, gentleman ou cyber-pro, en un week-end vous pourrez vous rhabiller de pied en cap. Les chapeaux les plus fous, les cravates les plus sages, les chaussures cousues main, les gilets rebrodés, les chemises à carreaux, les vestes déstructurées, l'Angleterre, l'Italie, l'Amérique, la France…, vous aurez, à Paris, de quoi changer de look.

## Lionel Nath

**7, rue Béranger, 75003 (D3)**
☎ **01 48 87 81 30**
**M° République**
**Lun.-sam. 9h-18h30.**

Vente directe d'un créateur-fabricant qui n'a pas augmenté ses prix depuis cinq ans. Belle qualité et très grand choix de

costumes en pure laine à partir de 1 000 F, en super 100's à 1 400 F. Vestes d'été en micro-fibre à partir de 700 F, ou d'hiver en 100 % cachemire à 1 500 F.

## Anthony Peto

**56, rue Tiquetonne 75002 (C3)**
☎ **01 42 21 47 15**
**M° Étienne-Marcel**
**Lun.-sam. 11h-19h.**

Installé dans la même boutique que Marie Mercié (voir p. 88), Anthony Peto vous propose des chapeaux classiques ou inattendus : béret python, chéchia noire à pompon rouge, borsalino, melon, panama ou casquette, vous n'aurez que l'embarras du choix. Chapeau feutre à partir de 600 F ; haut de forme à 980 F.

## Brummell

**61, Rue Caumartin, 75009**
☎ **01 42 82 50 00**
**M° Havre-Caumartin (B3)**
**Lun.-sam. 9h30-19h, jeu. 22h.**

Le célèbre dandy anglais a donné son nom à l'un des magasins du Printemps. Entièrement consacré à la mode masculine, il propose toutes les grandes marques, classiques, sportswear ou plus pointues, des sous-vêtements (au sous-sol) aux costumes (quatrième

étage). Deux fois par an, une collection griffée « Brummell ». pour vous permettre de jouer l'élégant à des prix raisonnables.

## Smuggler

**Village Royal**
**25, rue Royale, 75008 (B3)**
☎ **01 42 66 01 31**
**M° Madeleine**
**64, rue Bonaparte, 75006**
☎ **01 46 34 72 29**
**M° Saint-Sulpice (C4)**
**Lun. 14h-19h30,**
**mar.-sam.**
**10h30-13h,**
**14h-**
**19h30.**

Avec plus de 400 tissus, Smuggler est spécialiste des costumes sur mesure qu'il propose au même prix que ceux de la collection. Tout est possible, les cols Mao, les boutons rigolos, les pantalons avec ou sans pince, les poches cavalières, etc. Sur mesure, compter quinze jours. 1 960 F le costume laine super 100 %. À voir aussi, les chaussures Alden les moins chères de Paris.

## Le Shop

**3, rue d'Argout 75002 (C3)**
☎ **01 40 28 95 94**
**M° Étienne Marcel**
**Lun. 13h-19h, mar.-sam.**
**11h-19h.**

Des marques différentes dans les 25 corners à l'enseigne de la «world culture». Les nouvelles tendances autour de la musique techno, house, rap, acid jazz… De la chaussure à la veste en passant par le T-shirt et la salopette. Chaussures Northwave-sample, tennis Airwork. Bar-brasserie pour resto rapide, Internet, vélos et fripe. Pantalon de 300 à 600 F, chemises entre 250 et 500 F.

### Latino Rock
**15, rue de la Grande Truanderie 75001 (C3)**
☎ 01 45 08 17 01
M° Les Halles
Lun.-sam. 11h-19h30.

Que vous ayez 20 ans ou 50, la veste caban vous séduira (1 200 F), et la veste PVC (à partir de 799 F) changera votre look à coup sûr ! Tee-shirts près du corps ou chemises satin se marient avec toutes sortes de costumes (de 1 400 à 2 200 F) et de belles chaussures Jourdan Bis.

## CHAUSSURES
### Anatomica
**14, rue du Bourg-Tibourg 75004 (D4)**
☎ 01 42 74 10 20
M° St Paul-le-Marais
Lun.-sam. 10h30-19h30.

« Des souliers en forme de pieds », et de vraies chaussures stylées. Le plus grand choix en France de Birkenstock (de 320 à 550 F), boots australiens Blundstone

(740 F), sabots Trippen (de 490 à 640 F). À combiner avec les vêtements de travail du début du siècle réactualisés, en particulier le pantalon Largeot des compagnons charpentiers.

### Sagone
**44-46, av. de la République 75011 (D3)**
☎ 01 49 29 92 83
M° Parmentier
Lun.-sam. 10h-19h30.

Ici on vous aide à trouver chaussures à votre grand pied… du 39 au 50 ! Il y a de quoi sortir, se promener ou se marier. De 400 à 1 500 F. Amenez votre femme si elle chausse du 33 ou du 44…

### Timberland
**52, rue Croix-des-Petits-Champs, 75001 (C3)**
☎ 01 45 08 41 40
M° Palais-Royal
Mar.-sam. 10h30-19h, lun. 11h.

Le cuir imperméable pour les chaussures et les vêtements ; une collection étudiée pour vivre en plein air. Des matières naturelles, le lin, le coton. Les couleurs chaudes des forêts du Canada : les orangés, les roux, les marrons. Timberland a inventé les boots à bout rond et bourrelet à la cheville que tout le monde a copiées. À partir de 1 150 F la paire ; chemises à partir de 450 F.

## Fenestrier

**23, rue du Cherche-Midi
75006 (B4)
☎ 01 42 22 66 02
M° Saint-Sulpice
Lun.-ven. 11h-19h, sam.
10h-19h.**

Une des couleurs favorites : le marron foncé. Une ligne classique ; une ligne jeune avec des bicolores, des cuir et toile, des semelles caoutchouc. Point fort de l'été, les sandales et les chaussures de toile. Fabrication artisanale à partir de 800 F.

## CRAVATES

## Cravatterie Nazionali

**249, rue Saint-Honoré
75001 (B3)
☎ 01 42 61 50 39
M° Concorde ou Madeleine
Lun.-sam. 10h-19h.**

Impressionnant : vous trouverez ici quelque 5 000 cravates, environ vingt marques, une collection Cravatterie en soie à 295 F. Six cents modèles sont roulés deux par deux dans des casiers de bois, on les déplie, on ouvre les tiroirs, on choisit comme on veut.

## Jean-Charles de Castelbajac

**6, pl. Saint-Sulpice, 75006
☎ 01 46 33 87 32
M° Saint-Sulpice (C4)
Lun.-sam. 10h-19h.**

Castelbajac aime les cravates ludiques. De la soie travaillée avec un tissage en relief ; des motifs de lune, d'étoiles, de soleil, de cœurs, les symboles du créateur. À côté des rouges et des jaunes, de jolis beiges, une gamme de gris, de très beaux marine. À partir de 400 F.

## CHEMISES

## Le Fou du Roi

**55-57, rue de Vaugirard
75006 (B4)
☎ 01 45 44 07 82
M° Rennes
Mar.-sam. 10h30-19h30,
lun. 12h-19h30.**

Envie d'égayer vos journées, ou même de vous faire remarquer ? Venez choisir vos chemises ici, elles sont follement multicolores, et bien coupées. Chemise popeline 250F (également en soie ou en lin, très confortables pour l'été). Les cravates en soie (150 ou 230F), les gilets en soie (390F) valent également le détour. Très beaux costumes (cupro, lin, viscose, velours ou micro-fibres) de 1 250 à 2 250 F.

## Bain Plus

**51, rue des
Francs-Bourgeois
75004 (D4)
☎ 01 48 87 83 07
M° Saint-Paul
Mar.-sam. 11h-19h30,
dim. 14h-19h.**

Des liquettes à chevrons, si douces qu'on a envie de s'y glisser la nuit pour dormir ; du pilou l'hiver, de la popeline seersucker l'été ; une collection de pyjamas, caleçons, peignoirs. Tout est fait maison.

## LE CHOIX DU COL

Italien (pas très pointu), anglais classique (assez haut pour dépasser de la veste, très chic), Oxford à pointes boutonnées (plus sport, se porte sans cravate) ou à pointes arrondies, cassé (parfait pour le nœud papillon), à épingle…, droit, bas et sans bouton, qui est le plus universel des cols de chemise. Celui qui va le mieux avec des vestes droites.

À partir de 130 F le caleçon et de 580 F le pyjama. Mules et trousses de toilette assorties.

## GILETS

### Favour Brook
**Le Village Royal,
25, rue Royale, 75008 (B3)**
☎ 01 40 17 06 72
**M° Madeleine**
Lun.-sam. 10h-19h.

Les gilets d'un tailleur anglais façon *excentric english*, le style dandy et l'esprit XVIIIe s. Des brocarts en coton et des broderies en soie, des velours brochés, imprimés. Quelque 300 gilets tout faits ou 2 000 tissus à choisir pour du sur mesure au même prix. De 1 400 à 2 400 F. Des vestes à col Nehru pour 4 000 F, fracs et jaquettes à partir de 4 500 F. Depuis mai 98, s'est ouvert juste en face, la boutique *Violet by Favour Brook*, entièrement dédiée à la femme avec des robes à 3 000 F.

## CUIR

### Michel Lipsic
**52, rue Croix-des-Petits-Champs, 75001 (C3)**
☎ 01 40 41 97 47
**M° Palais-Royal-Musée du Louvre**
Lun.-sam. 10h-19h.

On craque pour des chemises bleu pâle ou vert pomme en peau métis des Indes lavable à la main ou en machine. Le grand classique : la saharienne de Clark Gable dans *Mogambo* ou le blouson de Marlon Brando dans *Sur les quais*. Du sur mesure au prix du prêt-à-porter, un atelier de retouches sur place, plus de dix qualités de peausserie et une immense gamme de coloris. Pantalon à partir de 2 400 F.

### Le carreau du temple
**Rue Dupetit-Thouars et 2, rue Perrée, 75003 (D3)**
**M° Temple**
Mar.-dim. 9h-13h, sam. 18h30.

Il paraît que les Parisiens peu argentés viennent s'habiller sous la verrière depuis plus de deux siècles... En tous cas, si ce n'est le prix, c'est le marchandage qui est immuable ici ! Ne l'oubliez pas une fois que vous aurez trouvé le blouson de cuir de vos rêves (très grand choix à partir de 800-1 000 F). Allez aussi jeter un œil dans les boutiques spécialisées rue Dupetit-Thouars.

# ENFANTS, MODE ET JOUETS

On peut jouer les princesses et préférer les robes à smocks et les culottes anglaises. On peut donner dans le blouson, le T-shirt, le sweat et le jean stretché : à Paris, les boutiques pour enfants font le bonheur de tous. Qu'ils aient le style «Triplés» ou le look «roller-skate», vous aurez, ici, le choix pour les habiller et plein d'idées de cadeaux à leur rapporter.

## La Cerise sur le Gâteau

**82, rue de la Victoire, 75009**
☎ 01 44 53 98 89
M° Chaussée d'Antin (C3)
Mar.-sam. 10h-19h.

Classique ou folklorique, des tissus superbes, des coupes astucieuses, et la cerise sur le gâteau : des ensembles, été ou hiver, entièrement réversibles. Pour filles de 0 à 16 ans, robes de 100 à 200 F, et pour garçons jusqu'à 12 ans, pantalons à partir de 80 F.

## Chattawak

**5, rue Vavin, 75006 (B4)**
☎ 01 40 46 85 64
M° Vavin
Lun.-sam. 10h-19h.

Bleu, blanc, rouge pour une collection sportswear chic. Des cotons doux à porter près du corps, des matières confortables. Pour garçons et filles et d'une solidité à toute épreuve. Sweat-shirt, 185 F, jean lycra, 326 F.

## Lara et les Garçons

**60, rue Saint-Placide, 75006**
☎ 01 45 44 01 89
M° Saint-Placide (B4)
Mar.-sam. 10h-19h,
lun. 12h-19h.

Arrivage permanent de vêtements et de chaussures de marques dégriffées, une solution pour habiller malin les enfants de 0 à 16 ans. Jolies robes à partir de 89 F, pantalons à partir de 59 F.

## Poême

**71, av. P. Doumer, 75016**
☎ 01 45 03 10 33
M° La Muette
Lun.-sam. 10h30-13h30 et
14h30-19h.

Des vêtements haut-de-gamme pour des bouts-de-chou de petite taille. La marque Molli décline dix tailles du prématuré à l'enfant de 2 ans (grenouillères à partir de 255 F). Poême habille les 2-12 ans dans un style classique. Les spécialités : la robe chasuble, également en version salopette et les vêtements d'apparat. Robe de soie sauvage rose ou rouge, col bordé de velours et manches ballon à 725 F.

## Si Tu Veux

**68, galerie Vivienne, 75002**
☎ 01 42 60 59 97
M° Bourse (C3)
Lun.-sam. 10h30-19h.

Un « si tu veux » plein d'idées, des jeux d'imagination. Presque tout est en kit : les déguisements, à coudre ou tout faits ; les kits d'animation pour les goûters (la fête des fantômes, le cirque, etc.) ; les kits de bricolage ; le kit du marmiton. Le déguisement, de 250 à 300 F, en kit de 160 à 180 F.

## CROISSANT

3, rue St Merri, 75004 (C3)
☎ 01 48 87 32 88
M° Hôtel-de-Ville
Lun.-sam. 11h-13h30,
14h30-19h.

C'est à croquer, on se croirait
dans une maison de
poupée. Beaucoup de créations
qui fidélisent une clientèle
depuis vingt ans. Les étagères
sont pleines de layette-maison
pour celles qui ne savent pas
tricoter. Les vêtements pour les
plus grands ont aussi été
soigneusement choisis
(jusqu'à 8 ans).

## Jeux Descartes

52, rue des Écoles, 75005
☎ 01 43 26 79 83
M° Cluny-La Sorbonne (C4)
Lun. 11h-19h,
mar.-sam. 10h-19h.

Tout ce qui fait travailler le
cerveau… Des jeux de stratégie,
des jeux de rôles, des puzzles.
On y trouve aussi les jeux de cartes

du monde entier, des tarots et
quelques objets intelligents.
Billards et backgammons.
Jeux de rôles, de 50 à 500 F.

## Multicubes

5, rue de Rivoli, 75004 (D4)
☎ 01 42 77 10 77
M° Saint-Paul
Mar.-sam. 10h-19h.

Du bois naturel et du bois peint.
Des marionnettes et des toupies,
des cubes et des puzzles, des jeux
de société. Sélection d'objets pour
la chambre d'enfant, de la
veilleuse au portemanteau. Tout
est joli. Multicubes est aussi l'un
des rares endroits où trouver les
peluches *Steiff*. Environ 100 F la
marionnette et 200 F la toise.

## Bazar

Royal Rivoli, 78 rue de Rivoli,
75001, ☎ 01 42 72 68 79
M° Hôtel de ville (C4)
Lun.-sam. 9h-19h30, dim. 10h.

C'est un bazar ! Vous y trouverez
la peluche à 25 F pour le dernier,
et le puzzle à 30 F pour l'aîné.

## Bonpoint

86, rue de l'Université
75007 (B3)
☎ 01 45 51 46 28
M° Solférino
Lun.-sam. 10h-19h
(voir p.45).

## Score Games

56, bd Saint-Michel, 75006
☎ 01 43 25 85 55
M° Cluny-La Sorbonne (C4)
Lun. 12h-19h, mar.-sam. 10h-19h.
46, rue des Fossés-Saint-
Bernard, 75005 (C4)
☎ 01 53 320 320
M° Jussieu
Lun.-sam. 10h-19h.

Le super-spécialiste parisien du jeu
vidéo. Plus de 50 000 modèles
pour toutes les consoles.
Du neuf et de l'occasion, des
rabais de 30 à 80 % sur certains
produits.
Tous les jeux se rapportent, se
rachètent ou s'échangent.
Rayon PC et CD-Rom. Un service
minitel 3615 Score Games pour
en savoir plus.

# DÉCORATION INTÉRIEURE

On y trouve tout pour décorer et meubler la maison de A à Z. Les boutiques déco se sont multipliées depuis la création d'Habitat il y a plus de vingt ans. Chacune a son créneau, chacune a ses adeptes. Les mises en scène valent le coup d'œil et de l'assiette au lit les bonnes idées foisonnent à chaque nouveau rayon. De quoi donner l'envie de tout changer dans la maison.

## Globe Trotter

**5, rue de Médicis, 75006**
**☎ 01 43 26 28 66**
**M° Odéon (C4)**
**Mar.-sam. 10h30-19h30,**
**lun. 14h-19h.**

Un petit déballage d'objets sur le trottoir où fouiller sans hésiter. Un style brocante en face du Luxembourg, avec des meubles de couleur qui évoquent les bastides du Midi. Des guéridons en terre vernissée, des soliflores en fer forgé, des boutis provençaux. On y trouve des créations artisanales qui ont le cachet de l'objet unique. Vases verre et fer forgé à partir de 230 F. Vente sur catalogue.

## Avant-Scène

**4, pl. de l'Odéon, 75006 (C4)**
**☎ 01 46 33 12 40**
**M° Odéon**
**Mar.-sam. 10h30-13h,**
**14h-19h.**

Pour conjuguer création et décoration (voir p. 48).

## Conceptua

**9, rue de la Roquette (D4)**
**75011**
**☎ 01 43 38 68 87**
**M° Bastille**
**Lun.-sam. 10h-19h30,**
**dim. 14h-19h30.**

Cette grande boutique est une mine d'or, beaucoup d'objets originaux mais pas hors de prix. Miroirs en fer forgé 249 F, canapés convertibles à partir de 1 190 F, valets design 495 F, lampes 249 F, ou rideaux prêts à poser 395 F le pan. En prime, une « Brocante coloniale », des meubles en mahogany et en teck (« buffet à confessions » 4 960 F, chaise pliante 490 F) livrés dans toute la France.

## Despalles

**Village Royal, 26, rue**
**Boissy-d'Anglas,75008 (B3)**
**☎ 01 49 24 05 65**
**M° Madeleine**
**Lun.-sam. 10h-19h,**
**(voir p. 36).**

## Maison de Famille

**29, rue Saint-Sulpice**
**75006 (C4)**
**☎ 01 40 46 97 47**
**M° Saint-Sulpice ou Odéon**
**Lun.-sam. 10h30-19h.**

Linge, vaisselle, verrerie et idées cadeaux (voir p. 48).

## AGNÈS COMAR

**7, av. George-V, 75008 (A3)**
☎ 01 49 52 01 89
M° Alma-Marceau
Mar.-sam. 10h30-13h,
14h-19h, lun. 14h-19h.

Une merveilleuse boutique, pleine du charme d'Agnès Comar. Le raffinement du lin, de la soie, de l'organdi pour la chambre, le salon ou la table. Les objets sont précieux, les matières se mélangent et les idées foisonnent. On y trouve à prix doux des cadeaux qu'on a envie de garder pour soi : des draps en soie qui tiennent dans une mini-pochette à 190 F ; des coussins de shantung remplis de pot-pourri à 320 F ; des nappes en lin à 780 F.

## Le Cèdre Rouge Côté Maison

25, rue Duphot
75008 (B3)
☎ 01 42 61 81 81
M° Madeleine
Lun. 12h-19h, mar.-sam.
10h-19h.

Coup de soleil sur la Madeleine grâce aux tons de miel, de framboise et d'olive des produits du Cèdre Rouge. Du fer forgé, des céramiques, du rotin ; le travail de l'artisan. Une très jolie vaisselle, des canapés éclatants, un linge de maison tout doux. Une collection très sud. Saladier en céramique, 125 F ; chaise en fer forgé et habillage d'écorce de rotin, 780 F. Vente par correspondance, livraisons à domicile.

## The Conran Shop

117, rue du Bac
75007 (B4)
☎ 01 42 84 10 01
M° Sèvres-Babylone
T. l. j. 10h-19h, lun. 12h.

1 700 m² de charme et de simplicité à deux pas du Bon Marché, la décoration vue par Terence Conran qui créa *Habitat*. On s'y promène et tout fait envie, mais c'est un peu cher. Les meubles - certains exclusifs -, les tapis, les tissus, la vaisselle, le luminaire, l'objet tous azimuts... C'est « le » magasin de l'art de vivre. Verrerie de 9 à 155 F ; assiettes de 16 à 170 F ; vases de 70 à 2 000 F pour un vase d'artiste en cristal soufflé. Même les vitrines valent le coup d'œil.

## Mis en Demeure

27, rue du Cherche-Midi
75006 (B4)
☎ 01 45 48 83 35
M° Sèvres-
Babylone
Lun. 13h-
19h30,
mar.-sam. 10h-19h30.

Un lieu empreint de modernité mais qui conserve une part de nostalgie avec ses meubles et ses objets enracinés dans la mémoire. De la table à la chambre, la douceur des patines, le parfum de la cire. Des bois tournés, des verres taillés, des coussins brodés... Set de table en coton imprimé, 95 F ; table à rallonges patinée à l'ancienne, 6 250 F.

## Contrepoint

59, rue de Seine
75006 (C4)
☎ 01 40 51 88 98
M° Mabillon
Lun.-sam. 10h-19h.

La couleur et la gaieté, un catalogue intelligent de vente par correspondance. Une nouvelle façon de voir la maison ; un éditeur de tissus contemporains qui se lance dans la déco. Des rideaux, des plaids, des coussins, des têtes de lit bien pensées... Des fauteuils et des canapés confortables, une très jolie vaisselle ; de la poterie, des abat-jour bien ficelés. Confection à façon et conseils déco. Tissus de 195 à 490 F le mètre ; rideaux à façon à partir de 475 F.

# ARTS DE LA TABLE

En vitrine, les dernières créations ; sous vitrines, les verres et les couverts. Des adresses prestigieuses, des quartiers réservés où les boutiques se suivent. Des collections qui se succèdent deux fois par an, les modèles les plus «in», les copies les plus fines. Le classique et le moderne ; la vaisselle de chaque jour et les petits plats des grands soirs : des idées charme pour faire la fête.

Bodum a inventé la cafetière et la théière à piston. La plupart des objets de la collection sont en bois, d'un design danois pratique et dépouillé. Moulins à poivre et à sel, casse-noix, planches, casiers à bouteilles, bocaux en verre et en bois reconnaissables entre tous. La théière, de 115 à 500 F.

## Bodum Shop

**99, rue de Rivoli, Carrousel du Louvre, 3, allée de Rivoli 75001 (C3)**
**☎ 01 42 60 47 11**
**M° Palais-Royal-Musée du Louvre**
**T. l. j. 11h-20h, mar. 12h30-19h30.**

## Dîners en Ville

**27, rue de Varenne 75007 (B4)**
**☎ 01 42 22 78 33**
**M° Rue du Bac**
**Lun. 14h-19h, mar.-sam. 11h-19h.**

Couleurs des murs, des vitrines et des objets. Nappes imprimées de Gérard Danton, de Beauvillé, du Jacquard

Français. Assiettes du Portugal dans des tons savoureux. Faïences décorées en relief. Couverts aux manches multicolores, nacrés ou transparents (à partir de 130 F pièce). Verres de 60 à 200 F pièce.

## Kitchen Bazaar

**11, avenue du Maine 75014 (B5)**
**☎ 01 42 22 91 17**
**M° Montparnasse-Bienvenüe Galerie des Trois Quartiers, 23, boulevard de la Madeleine 75001 (B3)**
**☎ 01 42 60 50 30**
**M°Madeleine**
**Lun.-sam. 10h-19h.**

30 ans d'existence, des matières contemporaines, un design où l'inox est roi. Des ustensiles de cuisine aussi beaux qu'intelligents, made in USA ou Japon, qui ne se cachent pas dans la maison. Grille-pain inox : 350 F.

## Laure Japy

**36, rue    du Bac, 75007 (B4)**
**☎ 01 42 86 96 97**
**M° Rue du Bac**
**Lun.-sam. 10h30-19h.**

Tout est fait pour se mélanger et les services en porcelaine de Limoges vont les uns avec les autres. Les modèles se conjuguent au gré des couleurs et des motifs au rythme de deux collections par an. Verrerie et couverts de couleur ; nappes, sous-nappes et sets de table. À partir de 135 F l'assiette plate.

## À la Mine d'Argent

**108, rue du Bac**
**75007 (B4)**
**☎ 01 45 48 70 68**
**M° Rue**
**du Bac**
**Lun.-ven.**
**10h-19h,**
**sam. 11h-18h.**

Idéal pour l'orfèvrerie ancienne. En métal argenté ou en argent massif, les modèles sont vendus à l'unité ou par lots. Cette mine d'argent est une mine d'or quand il s'agit de retrouver des couverts dépareillés. Fabrication à prix sages de modèles classiques par un

orfèvre qui fait les choses en direct. Toutes les réparations : argenture, bosselage, gravure. 770 F la corbeille à pain.

## La Tisanière

**21, rue de Paradis**
**75010 (C3)**
**☎ 01 47 70 22 80**
**M° Poissonnière**
**Lun.-sam. 9h45-18h30, sam. 18h15.**

Mille et une porcelaine blanche à décorer pour celles qui veulent personnaliser leur vaisselle (assiette 20 F). Pour les autres, la boutique réédite des décors qui ont fait la renommée de la porcelaine française au XVIIIe s. (à partir de 65 F l'assiette). Verrerie, coutellerie.

## Décors et transparences

**97, rue du Bac**
**75007 (B4)**
**☎ 01 45 48 95 39**
**M° Rue du Bac**
**Lun. 14h-19h,**
**mar.-sam. 11h-19h.**

Les lustres et les objets sont soufflés par les maîtres verriers de l'île de Murano. Les verres sont florentins et se déclinent à l'italienne en couleurs profondes, le bleu, le vert, le rose, l'ambre, le jaune. Plats, saladiers, coupes, vases, le tout également en verre soufflé de Florence. Verres à partir de 80 F pièce.

## La Chaise Longue

**20, rue des Francs-Bourgeois**
**75003 (D4)**
**☎ 01 48 04 36 37**
**M° Saint-Paul**
**Lun.-sam. 11h-19h,**
**dim. 14h-19h**
**8, rue Princesse**
**75006 (C4)**
**☎ 01 43 29 62 39**
**M° Mabillon**
**F. dim.**
**30, rue Croix-des-Petits-Champs, 75001 (C3)**
**☎ 01 42 96 32 14. F. dim.**
**M° Louvre-Rivoli.**

Une collection sympa et sans façons, de la vaisselle en tôle émaillée, des couleurs fortes, des fleurs exotiques, des poissons chinois. On y trouve aussi des verres bicolores et de très grands plats qui peuvent servir de plateaux. 40 F et 45 F l'assiette plate émaillée.

---

## FAÏENCE OU BISCUIT ?

■ **Céramique** : Tous les objets en terre ayant acquis au cours de la cuisson une certaine dureté.

■ **Faïence** : Elle est commune (recouverte d'un émail) ou finc (pâte blanche à glaçure transparente), vernissée ou émaillée. Fabriques célèbres à Rouen, Lille, Moustier, Gien, Nevers, Quimper…

■ **Porcelaine** : Elle résulte de la vitrification à 1 400° du kaolin. Blanche, imperméable, translucide. Fabriques célèbres : Chantilly, Sceaux, Rouen, Limoges, Sèvres, Vincennes…

■ **Biscuit** : Porcelaine blanche non émaillée, cuite plusieurs fois, imitant le marbre blanc. Le biscuit sert à réaliser les pièces de forme, les figurines et les sujets plutôt que la vaisselle.

### Gien

**18, rue de l'Arcade, 75008**
**☎ 01 49 24 07 77**
**M° Madeleine (B3)**
**Mar.-sam. 10h-19h.**

Les pièces à thème de la faïencerie de Gien du petit déjeuner au dîner.
Une gamme contemporaine créée par de jeunes stylistes, des motifs fleuris, des couleurs fraîches. Personnalisation des assiettes pour qui veut y mettre armes ou initiales. À partir de 395 F le coffret d'assiettes à dessert. Vente sur catalogue de faïences de collection.

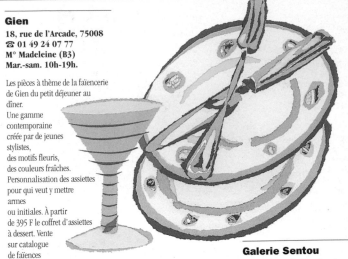

### RUE ROYALE

Cette rue ne pouvait pas porter plus beau nom pour accueillir des spécialistes des arts de la table, porcelainiers et cristalliers prestigieux. Ainsi, de la Concorde à la Madeleine, on peut admirer les vitrines de Christofle, Ercuis, St-Hilaire, mais aussi Coquet et Lalique ou Bernardaud et son salon de thé du côté impair (nos 9 à 21), Villeroy et Boch, Baccarat, les Cristalleries Saint-Louis.

### Simon

**36, rue Étienne-Marcel**
**75002 (C3)**
**☎ 01 42 33 71 65**
**M° Les Halles**
**Lun.-sam. 8h30-18h30.**

De la vaisselle blanche d'hôtel et de la porcelaine anglaise. Un empilage organisé d'assiettes, de plats et de verres avec un look très « pro », près de quinze mille références. Une des adresses favorites des hôteliers et des restaurateurs. On peut y faire restaurer son argenterie pour 35 F le couvert. Une adresse indispensable si vous aimez cuisiner.

### Jean-Pierre de Castro

**17, rue des Francs-Bourgeois,**
**75004 (D4)**
**☎ 01 42 72 04 00**
**M° Saint-Paul**
**Lun. 14h-19h, mar.-ven.**
**10h30-13h, 14h-19h, sam.**
**10h-19h, dim. 11h-13h,**
**14h-19h.**

L'argenterie dans tous ses états (voir p. 62).

### Galerie Sentou

**18 et 24 rue du Pont Louis-Philippe (C4), 75004**
**☎ 01 42 71 00 01**
**M° Saint-Paul**
**Lun.-ven. 11h-14h et 15h-19h, sam. 11h-19h.**

La boutique située au numéro 18, est entièrement consacrée aux arts de la table. Notre coup de cœur : les créations des *Tsé-Tsé*, deux jeunes filles qui se sont rendues célèbres avec leur fameux vase d'Avril. Faites également un tour à la galerie du numéro 24, pour admirer les tissus, plaids et rideaux de Robert le Héros.

### Dehillerin

**18, rue Coquillière, 75001**
**☎ 01 42 36 53 13**
**M° Louvre-Rivoli**
**ou Étienne Marcel (C3)**
**Lun. 8h-12h30, 14h-18h,**
**mar.-sam. 8h-18h.**

Tout pour la cuisine
(voir p. 56).

## La Maison Ivre

**38, rue Jacob
75006 (C4)
☎ 01 42 60 01 85
M° Saint-Germain-des-Prés.
Mar.-sam. 10h30-19h.**

La boutique du soleil. Une vaisselle
d'artisan où tout est fait à la main,
les bleus, les miels, les verts de la
Provence ; des motifs originaux.
Une sélection de nappes imprimées
de fruits et de fleurs, en accord avec
le naturel des poteries. L'assiette
décorée, à partir de 135 F ; l'assiette
unie, 75 F.

## Quartz

**12, rue des Quatre-
Vents, 75006 (C4)
☎ 01 43 54 03 00
M° Odéon
Lun. 14h30-19h,
mar.-sam.
10h30-19h.**

Le domaine du verre. De
l'objet d'artiste au verre le plus
simple, des pièces uniques signées,
des objets de série. Des carafes,
des assiettes et des vases,
des bougeoirs et des
cloches
à fromage...
Des plats
et des saladiers,
du rouge,
du vert, du bleu,
de l'ambre.
Des « classiques »,
la carafe annelée
(160 F), l'assiette
carrée « Zen »
(290 F).

## Siècle

**24, rue du Bac
75007 (B4)
☎ 01 47 03 48 03
M° Rue du Bac
Lun.-sam. 10h30-19h
(voir p. 45).**

## Boutique Paris Musées

**Forum des Halles,
1, rue Pierre Lescot
75001 (C3)
☎ 01 40 26 56 65
M° Les Halles
Mar.-sam. 10h30-19h,
lun. 14h-19h.**

Des créateurs
contemporains qui
s'inspirent des musées
parisiens, ou qui
laissent libre cours à
leur imagination pour
une sélection d'objets
de la table à utiliser
au quotidien ou

pour les grandes occasions. Service
de Gien « Majolica », pièces de
60 F à 400 F, série « Faitoo » de
Philippe Starck de 35 F à 500 F.

## Taïr Mercier

**7, bd Saint-Germain
75005 (C4)
☎ 01 43 54 19 97
M° Maubert-Mutualité
Mar.-ven. 11h-19h,
sam. 14h30-19h.**

La série compléte des sets de table
en plastique Taïr Mercier pour se
faire une table actuelle et gaie au
quotidien, de 25 à 65 F. Assiettes
(à partir de 25 F), verres
(à partir de 10 F),
couverts, et même
serviettes en
papier sont
des créations
originales.
Quelques
pièces
uniques,
assiettes
faites à la
main à
partir de
120 F.

# STYLE ET CRÉATIONS

Ces boutiques de meubles et d'accessoires figurent en première page du carnet d'adresses des journalistes, des stylistes et des décorateurs. Les meubles et les objets y sont souvent signés et parfois édités en tirages limités. Aucun ne laisse indifférent. Qui sait aujourd'hui si celui qu'on choisit ne sera pas demain exposé de salon en musée comme témoin d'une époque ? Si vous ne les achetez pas, au moins allez les voir.

d'anciens plans de Paris, vous trouverez les *puzzles mystères* : aucune reproduction du motif à exécuter, aucune mention de titre ou d'auteur. À vous de jouer… À partir de 145 F le puzzle 100 pièces.

## Astier de Villatte

**105, av. Daumesnil 75012 (D4)**
**☎ 01 43 45 72 72**
**M° Bastille ou Gare de Lyon. Lun.-ven. 8h30-18h30.**

Entre tradition et modernité, une collection qui rappelle les meubles d'époque. Un mobilier traité avec originalité ; des terres cuites émaillées dans un atelier parisien, des vases, des coupes, de la vaisselle. Tout est fait à la main, on choisit parmi des patines toutes différentes. À partir de 160 F l'assiette et 540 F le vase.

## Artistes et Modèles

**3, rue Jacques-Callot 75006 (C4)**
**☎ 01 46 33 83 20**
**M° Odéon**
**Mar.-sam. 11h-13h, 14h30-19h.**

Une petite boutique dans le quartier des Beaux-Arts. La réédition du fauteuil chrome et cuir de 1927 de Mies Van der Rohe ; le vrai siège Thonet, celui que Le Corbusier mettait dans toutes ses décorations ; des contemporains : Ron Arad et sa bibliothèque ; Charlotte Maugirard et ses objets ; Philippe Starck, son cendrier et son tabouret *dadada*… Vase de Gaetano Pesce à partir de 360 F.

## Michèle Wilson

**116, rue du Château, 75014**
**☎ 01 43 22 28 73**
**M° Pernety (B5)**
**Lun.-ven. 9h-20h, sam. 10h-19h.**

Ici perdure la tradition artisanale du puzzle en bois : la découpe à la main respecte le style de l'œuvre reproduite et les contours du dessin. À côté des reproductions de toiles de maître, de tapisseries ou

## Via

**Viaduc des Arts, 29-37 av. Daumesnil, 75012 (D4)**
**☎ 01 46 28 11 11**
**M° Gare de Lyon ou Bastille. Lun.-ven. 10h-19h.**

Ce n'est pas une boutique mais une galerie où voir les tendances de l'industrie française de l'ameublement. Toutes les six semaines, une exposition thématique de designers donne le ton. Le lieu, sous les voûtes d'un ancien viaduc, se visite comme un monument. Le quartier est en pleine rénovation, boutiques et artisans s'installent dans les arcades et l'ancien chemin de fer fait place à un nouveau jardin suspendu, la « coulée verte », qui conduit presque jusqu'au bois de Vincennes

### Jean-Charles de Castelbajac

6, pl. Saint-Sulpice, 75006
☎ 01 46 33 87 32
M° Saint-Sulpice (C4)
Lun.-sam. 10h-19h.

Il fait un manteau d'un plaid et housse les canapés de tissus réversibles comme un manteau. Sa logique est celle du confort et du jeu. Des matières naturelles, des couleurs qui claquent, le clin d'œil… Les tasses ont

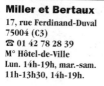

des ailes, les lampes jouent les miroirs, les tapis se couvrent de mots et de messages. Assiettes à dîner « Aile-émoi », 430 F ; cendrier, 750 F.

### Axis

Marché Saint-Germain, entrée Saint-Sulpice, 14, rue Lobineau, 75006 (C4) ☎ 01 43 29 66 23
M° Mabillon
Lun.-sam. 10h-20h
13, rue de Charonne, 75011 (D4)
☎ 01 48 06 79 10
M° Bastille
Mar.-sam. 11h-19h30.

L'humour et la poésie, des objets de tous les jours qui ne se prennent pas au sérieux. La vaisselle, les vases, le luminaire, les tapis : les indispensables revus par des artistes ou des

illustrateurs. En 1996, la déclinaison du Gédéon de Benjamin Rabier remis au goût du jour. L'assiette « maison inondée » à partir de 130 F ; les lampes entre 300 F et 800 F.

### Miller et Bertaux

17, rue Ferdinand-Duval
75004 (C3)
☎ 01 42 78 28 39
M° Hôtel-de-Ville
Lun. 14h-19h, mar.-sam.
11h-13h30, 14h-19h.

Des objets du monde entier revus et corrigés par Miller et Bertaux. Des vêtements fluides, japonisants, des parfums pour la maison… Une boutique poétique, différente, où tout marche au coup de cœur, à l'émotion. Objets insolites.

### Xanadou

10, rue Saint-Sulpice
75006 (C4)
☎ 01 43 26 73 43
M° Mabillon ou Odéon
Mar.-sam. 11h-13h, 14h-19h.

Une boutique créée pour offrir des objets dessinés par des architectes du monde entier. Au-delà des modes, une sélection pointue faite pour durer. Des créations et des rééditions : les couverts de Mac Intosh de 1904 ; la théière de Malévitch de 1919 ; les verres de Joseph Hoffmann. Les prix : du coupe-papier d'Enzo Mari à 120 F aux coupes de cristal de Borek Sipek à 5 000 F.

### RADIOGRAPHIE DES STYLES

Si vous êtes passionné de déco, vous connaissez peut-être ce petit ouvrage de Philippe Jullian, Les Styles, publié en 1960. Complété par Patrick Mauriès, il a été réédité en 1992 aux éditions du Promeneur. C'est une histoire de la déco sous forme de caricature acide et légère. L'évocation de la décoration depuis1960 a été imaginée par le double génie de Mauriès, pour les textes (plus impertinent on meurt), et du couturier Christian Lacroix, pour les dessins (plus que virtuoses) où les initiés s'amuseront à chercher les «clés». Des années Knoll au néo-baroque, du déco-disco au destroy 80, les «Styles d'aujour-d'hui» sont une vraie charge de notre société de conso-déco.

# TEXTILES, MEUBLES ET OBJETS D'AILLEURS

Ceux qui voyagent beaucoup partent pour retrouver des sensations perdues. Les autres le font pour faire «comme si» ou pour rêver d'aventures. Tissus tissés à la main ; meubles et objets travaillés par les artisans ; vaisselle, cachemires, cotons brodés, masques de bois, trousseaux de mariées...
L'Inde, la Chine, la Japon, les Philippines, la Thaïlande, le Mexique, l'Afrique...
Il suffit de pousser la porte pour être au bout du monde : Paris est une caverne d'Ali Baba.

Le travail d'une styliste libanaise, Lina Audi, la version épurée de l'artisanat nomade et méditerranéen. Une très jolie collection de linge de maison, des rideaux, des nappes, des couvre-lits. Des vêtements tout simples et des serviettes de coton pour le bain. 50F le savon d'Alep, pour la douceur.

### Caravane
**6, rue Pavée, 75004 (D4)**
☎ 01 44 61 04 20
M° Saint-Paul
Mar-sam. 11h-19h.

Tissus, tapis et objets d'Asie ou d'Afrique (voir p. 63).

### Le Jardin Moghol
**53, rue Vieille-du-Temple 75004 (D4)**
☎ 01 48 87 41 32
M° Saint-Paul
Mar.-sam. 10h-19h.

La route des Indes, comme si vous y étiez. Celle des tissages de coton et de soie aux dessins XVe s. et XVIe s. pour le lit, la table ou simplement pour des coussins. Celle des vêtements, des objets et des meubles... Des couleurs à n'en plus finir. On fait de très jolis rideaux avec des panneaux imprimés (525 F en 140 x 280 cm), on s'enroule dans des étoles de laine et de soie à partir de 490 F.

### Compagnie Française de l'Orient et de la Chine
**260, bd Saint-Germain 75007,** ☎ 01 47 05 92 82
M° Solférino (B4)
Lun.-sam. 10h30-19h
163, 167, bd Saint-Germain 75006, ☎ 01 45 48 00 18
et 01 45 48 10 31
M° Saint-Germain-des-Prés
Lun.-sam. 10h-19h (C4).

D'une boutique à l'autre, la continuité chinoise. Le mobilier du vieux Pékin et la céramique au 260, l'artisanat au 167 et le vêtement au 163. Le rouge de Canton sur des assiettes, des bols, des cache-pot, des vases et des jarres. La tradition des motifs bleus peints à la main sur la porcelaine. La veste « Mao » en coton bleu de

Chine se porte toujours (295 F) ; la version ville en shantung est à 1 300 F ; 17 F le bol en porcelaine.

### Liwan
**8, rue Saint-Sulpice, 75006**
☎ 01 43 26 07 40
M° Saint-Sulpice (C4)
Lun. 14h-19h, mar.-sam. 10h30-19h.

## L'ATELIER 74

En capitale digne de ce nom, Paris est une ville cosmopolite et certaines boutiques se consacrent résolument aux objets venus d'ailleurs. L'exotisme est très prisé par les Parisiens. À l'Atelier 74, les créateurs venus du monde entier se succèdent, exposant pour quelques semaines leur production d'objets artisanaux : bijoux africains ou tissus améridiens, perles ou cuirs, sculptures, bibelots précieux ou babioles… La richesse de l'endroit c'est la variété de sa marchandise et les horizons infinis de l'inspiration des artisans.

**L'Atelier 74, 74, rue de la Verrerie, 75004**
**M° Hôtel de Ville.**

## Galerie Bamyan

**24, rue Saint-Louis-en-l'Île 75004 (C4)**
**☎ 01 46 33 69 66**
**M° Pont Marie**
**Mar.-sam. 11h30-20h, dim. 14h-20h.**

Les trésors d'un anthropologue, une marchandise ramassée d'un voyage à l'autre. Dans ce lieu d'échanges et de découvertes, l'artisanat de l'Asie centrale et de l'Inde. Mobilier réadapté au goût du jour, listes de mariage avec les meubles, les objets et les bijoux des mariées indiennes. Tables basses de 700 à 2500 F.

## Le Monde Sauvage

**101, rue Saint-Denis, 75001**
**☎ 01 40 26 28 81**
**M° Étienne Marcel (C3)**
**Lun. 13h30-19h30, mar.-sam. 10h30-19h30.**

Un peu d'exotisme entre les fringues et les sex-shops. Des meubles coloniaux, anciens ou réédités ; une ambiance insolite, des objets venus d'Asie ou d'Europe centrale. Du bois, du fer forgé, du verre ; les habituelles vanneries et les tissus. À partir de 700 F la petite table en bois des Indes ; 100 F le bougeoir en fer forgé (avec les 5 bougies).

## La Ville de Mogador

**16, rue du Vieux-Colombier 75006 (B4)**
**☎ 01 45 48 04 48**
**M° Saint-Sulpice**
**Mar.-sam. 10h-14h, 15h-19h.**

Une atmosphère de bazar à l'orientale, des tapis, des poteries. On y trouve la lanterne marocaine en cuivre, les assiettes en céramique peintes à la main.
Le verre à thé que tout le monde aime est à 25 F ; le plat à tagine se vend entre 250 F et 600 F.

## Galerie Urubamba

**4, rue de la Bûcherie 75005 (C4)**
**☎ 01 43 54 08 24**
**M° Maubert-Mutualité**
**Mar.-sam. 14h-19h30.**

Du nom de la vallée sacrée des Incas, pour tout connaître des Indiens des trois Amériques. Objets d'artisanat et de tradition ; panchos d'alpaga et blouses brodées ; tissus péruviens, céramiques, vannerie… On y trouve aussi des perles pour se faire un collier. Librairie, K7 et CD. Le vrai mocassin indien pour la maison, 300 F.

# RIEN QUE DU BEAU LINGE

Des draps bordés de dentelle pour un lit de rêve ; des nappes brodées d'arabesques pour un dîner de fête ; des peignoirs moelleux où s'enrouler l'hiver ; des serviettes de toutes tailles et de toutes les couleurs… Paris aime le beau linge. On y trouve, au fil des saisons et des collections, les plus jolis modèles pour la chambre, la table et le bain. Une idée comme une autre pour une liste de mariage.

## Atout Blanc

**20, rue de Rivoli, 75004 (D4)**
**☎ 01 48 04 98 50**
**M° Saint-Paul. Lun. 15h-19h, mar.-ven. 11h-19h, sam. 10h30-13h30, 14h-19h.**

Plus de vingt coloris pour des serviettes de bain à 59 F, de magnifiques peignoirs (550 gr.) à 299 F, un grand choix de housses de couette toutes dimensions, et l'incontournable plaid à 99 F… C'est l'atout blanc du quartier !

## Matin Bleu

**92, rue de Rennes, 75006**
**☎ 01 42 22 94 40**
**M° Saint-Sulpice (B4)**
**Lun.-sam. 9h-19h.**

Les « naturels », les « actuels », les « nomades », les « tendres » :

quatre styles de vie, un concept bien étudié.
Des marques italiennes, Jalla, Bassetti, et une ligne *Matin Bleu*,

les petits prix de la boutique. Du lit à la table avec, en prime, une carte de fidélité. Draps deux personnes 240 x 300 cm à partir de 290 F.

## Blanc Cassé

**101, rue du Bac, 75007 (B4)**
**☎ 01 45 48 87 88**
**M° Sévres-Babylone**
**Lun. 12h-19h, mar.-sam. 10h-19h.**

Serviettes de bain à partir de 60 F, peignoirs à 220 F, draps métis (lin et coton) à 460 F. Les articles de deuxième choix sont sans emballage mais à des prix imbattables. Du vrai blanc cassé en somme !

## Textures

**55, rue des Saints Pères, 75006 (B4)**
**☎ 01 45 48 90 88**
**M° Saint-Germain-des-Prés**
**Lun. 14h30-18h30, mar.-sam. 10h-18h30.**

Les imprimés, tissus teints ou brodés de Designers Guild valent le détour. Draps de bain multicolores à 265 F, linge de lit bébé, enfant ou adulte, à partir de 190 F le drap. Il y a aussi de très beaux tissus d'ameublement, et même des canapés !

## QU'EST-CE QU'UNE BONNE SERVIETTE ÉPONGE ?

Sa matière idéale est bien sûr le coton d'Égypte ou à fibres longues. La bouclette fut inventée à la fin du XIXe s. : c'est un second fil de trame provoquant un surplus de fil formant la bouclette. Plus il y a de fils au cm², plus il y a de boucles et plus la qualité augmente. Plus l'éponge est lourde, plus elle est luxueuse : de 350 g jusqu'à 550 g au m². Au-delà, le tissu perd de sa souplesse. Rasée d'un côté, l'éponge change d'aspect et de nom : elle devient le velours.

## La Paresse en Douce

**97, rue du Bac, 75007 (B4)**
**☎ 01 42 22 64 10**
**M° Rue du Bac**
**Mar.-sam. 11h-19h., lun. 14h-19h.**

Pilou l'hiver, soie et coton l'été, tout est moelleux pour paresser en douce de la baignoire au lit. Petits

chaussons et pyjamas, robes de chambre et coussins doux, draps frais et plaids en cachemire. Sets de table et nappes. Serviette éponge brodée à partir de 120 F, coussin brodé à 240 F.

## Porthault

**18, av. Montaigne, 75008**
**☎ 01 47 20 75 25**
**M° Alma-Marceau (A3)**
**ou Franklin D. Roosevelt**
**Lun. 9h30-13h, 14h-18h30,**
**mar.-ven. 9h30-18h30, sam. 9h30-13h, 14h-18h.**

Le luxe comme il se doit avenue haute couture. On y brode l'organdi, le lin, la soie ou le satin de fleurs et de feuillages. Les draps, les nappes, les serviettes, les peignoirs ont des jours, de la dentelle, des incrustations d'un romantisme délicieux. Ligne « Studio » à prix sages : 180 F le set en toile

ancienne, 300 F la serviette en éponge brodée.

## Laurence Roque

**69, rue Saint-Martin, 75004**
**☎ 01 42 72 22 12**
**M° Châtelet (C3)**
**Mar.-sam. 10h30-18h30, lun. 13h30-18h30, f. dim.**

Point de croix ou point à compter, tapisserie ou broderie, linge de table ou de toilette, sont les points forts de cette boutique de charme. Ouvrage à broder de 50 à 800 F. Les amateurs pourront se procurer ici des diagrammes, du coton et des tissus pour leur passe-temps préféré. Les autres se consoleront en achetant des articles déjà brodés, comme des bavoirs (environ 60 F pièce) ou des sacs à linge. Une fois votre chef-d'œuvre terminé, vous pourrez l'apporter chez Laurence Roque pour le faire encadrer. Vente par correspondance et expédition partout en France.

## Maison de Vacances

**63, 64, galerie de Montpensier, 75001 (C3)**
**☎ 01 47 03 99 74**
**M° Palais-Royal-Musée du Louvre**
**Lun. 13h-19h, mar.-sam. 11h-19h**
(voir p. 39).

# Les Bonnes Affaires

Voici quelques adresses où aller quand on n'a pas peur d'acheter les collections de la saison passée ou les modèles sortis en boutiques quelques semaines auparavant.

## Tissus

### Les Deux Portes
30, bd Henri-IV
75011 (D4)
☎ 01 42 71 13 02
M° Bastille
Mar.-sam. 10h-18h30.

La sélection des tissus à petits prix, une gamme « Deux Portes » toujours suivie. On y trouve les collections des éditeurs à moins 20 % avec un minimum de 5 m. Soldes permanents des fins de série à partir de 30 F le mètre. Confection tous azimuts. La soie d'ameublement, 250 F le mètre en 140 cm.

### Mendès
5, rue d'Uzès
75002 (C3)
☎ 01 42 36 02 39
M° Bonne Nouvelle
Lun.-sam. 10h-18h.

Les tissus fabriqués pour Yves Saint Laurent et Christian Lacroix en direct de l'usine. Un décalage de six mois avec la sortie des collections, des prix de 40 à 50 % moins chers. Lainages à partir de 110 F le mètre, soies à 120 F.

## Vêtements

### Le Mouton à Cinq Pattes
8, 10, 18, 48,
rue Saint-Placide
75006
☎ 01 45 48 86 26
M° Sèvres-Babylone
Lun.-sam. 10h-19h
15, rue Vieille-du-Temple
75004
☎ 01 42 71 86 30
M° Hôtel-de-Ville
Lun.-ven. 10h30-19h30
(f. 14h-15h), sam. 10h30-20h.

Un classique du genre, du prêt-à-porter haut de gamme acheté chez les fabricants un peu partout en Europe. Une adresse connue dans tout Paris. Les collections arrivent au « Mouton » deux à trois semaines après qu'elles ont été livrées en boutique. À la mode, mais sans excès. Blazer entre 299 et 800 F. La femme, l'homme (à l'Annexe au 48), l'enfant.

### L'Annexe des Créateurs
19, rue Godot de Mauroy,
75009 (B3)
☎ 01 42 65 46 40
M° Madeleine
Lun.-sam. 10h30-19h.

Toute l'année, une réduction de 40 à 70 % sur les collections des couturiers et des créateurs. Du tailleur griffé pour le bureau à la robe de cocktail, les modèles sont ceux de la saison précédente. Des accessoires, signés également, des robes de mariée, un rayon homme. À partir de 390 F pour une jupe et 990 F pour un tailleur.

### Chercheminippes
109, 110, 111, rue du
Cherche-Midi, 75006 (B4)
☎ 01 42 22 45 23
M° Duroc
Lun.-sam. 10h30-18h
(dépôt), 19h (vente).

## La Rue de la Pompe

La rue Meslay (M° Strasbourg-Saint-Denis) est la plus grande vitrine de chaussures de Paris. Fabricants et grossistes y sont au coude à coude. Parmi beaucoup d'autres, voici une adresse intéressante : **Mart-ine**, 63, rue Meslay, 75003, ☎01.42.71.35.09. Lun.-sam. 9h-19h. Les chaussures les plus branchées, toutes celles qui sont dans le coup en ce moment de 20 à 30 % moins chères. Les *Doc Martens*, les *Timberland* bûcheron, les *Converse* toile hautes, les *Caterpillars*, (dites seulement les « cat »)… *Doc Martens* basses à partir de 400 F, 480 F pour les hautes.

Un système pratique de dépôt-vente. Les vêtements qu'on y propose n'ont pas plus d'un an et sont toujours de marque connue. Au 109, la femme, Kenzo, Klein, etc. Au 111, le neuf et la couture, Chanel, Hermès, etc. Au 110, l'homme et l'enfant. Le tout à moins 50 %. La veste Irié, 580 F ; le T-shirt Aridza Bross, 60 F.

## Tati

**2-42, bd Rochechouart**
**75018 (C2)**
☎ 01 55 29 50 00
M° Barbès-Rochechouart
Lun. 10h-19h, mar.-ven. 9h30-19h, sam. 9h15-19h.

Tout le monde sait où est Tati. On vient même des pays de l'Est pour

branchés avec des pulls à partir de 79 F ; « l'Avenir est à Nous », le rayon enfants avec des T-shirts nid d'abeille et des cotons piqués. Allez-y aussi pour l'ambiance du samedi matin : vous aurez l'impression d'être de l'autre côté de la Méditerranée sans sortir du périphérique.

## Guerrisold

**29-31, av. de Clichy, 75017**
☎ 01 53 42 31 32
M° Place de Clichy (B2)
Lun.-sam. 10h-19h30
**17 bis, bd Rochechouart, 75018 (C2)**
☎ 01 45 26 38 92
M° Barbès
Lun.-sam. 9h-19h30.

y faire son shopping. Personne n'ose le reconnaître mais chacun y fait un saut en douce pour voir les nouveaux arrivages. « La Rue est à Nous », les vêtements

De la fripe et aussi du neuf, un très grand choix pour des prix très bas. Allez-y sans hésiter et prenez votre temps, il n'y a pas deux modèles semblables quelle que soit la taille. Corner « Delta » pour une mode jeune et tendance. Chemisiers de 19,50 F à 69,50 F ; chemise en soie 50 F ; ensembles de 50 F à 120 F.

## MICRO-INFORMATIQUE

## Surcouf

**139, av. Daumesnil, 75012**
☎ 01 53 33 20 00
M° Gare de Lyon (D4)
Mar.-sam. 9h30-19h

La plus grande foire à l'informatique de France :

## RUE D'ALÉSIA : BONNES AFFAIRES PRÊTES À PORTER

Depuis une quinzaine d'années, ce petit tronçon de la rue d'Alésia (B5, M° Alésia) s'est spécialisé dans le prêt-à-porter dégriffé.

■ **Cacharel Stock**, au n° 114 ☎ 01 45 42 53 04, propose un choix de vêtements pour homme (grande sélection de chemises à partir de 220 F) femme et enfant.

■ **Dorotennis**, au n° 74, sportswear chic, ensembles coordonnés et maillots de bain (de 50 à 169 F).

■ **Régina Rubens**, 88, rue d'Alésia, 75014, ☎ 01 40 44 90 05

■ **Daniel Hechter** (Stock 2), au n° 92, ☎ 01 45 41 65 57, propose les collections de la saison précédente, vêtements et accessoires pour homme, femme et enfant.

■ La boutique **Évolutif** (au n° 139, ☎ 01 45 45 44 83) propose un bon choix de vêtements pour homme (costumes Cerruti à partir de 1 800 F, pull Kenzo 700 F).

300 démonstrateurs, 250 stands, 10 000 m2 d'exposition. Tout, absolument tout pour confectionner ou compléter votre environnement informatique (micro, périphériques, disques, livres...) ainsi qu'un dépôt-vente et un marché aux puces de l'informatique pour les bonnes affaires.

## BOUTIQUES GOURMANDES

Tout Paris y court. Épices, condiments, chocolats, thés du monde entier y sont sélectionnés avec le plus grand soin. Aux étalages, les fruits les plus rares, les saveurs d'outre-mer, les produits du terroir… On est sûr d'y trouver, tout au long de l'année, ce qui manquera ailleurs et, au mois de décembre, de quoi préparer un réveillon gourmand et des cadeaux douceur.

### Mariage Frères
**30, rue du Bourg-Tibourg**
**75004 (C3)**
☎ **01 42 72 28 11**
**M° Hôtel-de-Ville**
**T. l. j. 10h30-19h30 ;**
**salon de thé 12h-19h.**

Un magasin formidable où des centaines de boîtes de thé s'empilent sur des étagères de bois sombre. Les vendeurs ont l'art de vous guider dans vos choix quelle que soit l'affluence. Mariage a développé une ligne de théières et de tasses à thé qui réinterprète les formes traditionnelles de la Chine et du

Japon. Salon de thé pour déjeuner ou goûter, gâteaux au chocolat et cake au thé vert.

### Jadis et gourmande
**88, bd du Port-Royal, 75005**
☎ **01 43 26 17 75**
**M° Port-Royal (C5)**
**Mar.-sam. 9h30-19h,**
**lun. 13h-19h.**

C'est dans une boutique aux tons chauds, sur des étagères en bois que le chocolat est décliné sous toutes ses formes. La maison a ses spécialités : tresses de chocolat noir ou lait aux fruits secs, tresses de chocolat noir-orange présentées sous forme de couronne (28 F les 100 g), palets en cacao de provenance diverses accompagnés d'un mot d'explication (35 F les 100 g) et cartes postales (42 F) d'anniversaire ou de félicitations en chocolat vendues avec un emballage prêt-à-poster : vos vœux parviennent au destinataire sans casse.

### Debauve et Gallais
**30, rue des Saints-Pères**
**75006 (B4)**
☎ **01 45 48 54 67**
**M° Saint-Germain-des-Prés**
**33, rue Vivienne**
**75002 (C3)**
☎ **01 40 39 05 50**
**M° Bourse**
**Lun.-sam. 9h-19h.**

De merveilleux comptoirs de bois, les chocolats rangés en ordre de bataille, la maison fournissait déjà Louis XVIII et Charles X. Debauve avait inventé le chocolat sans sucre, le chocolat aux deux vanilles, le chocolat à la fleur d'oranger… On les achète encore aujourd'hui 95 F l'étui. Le dernier-né, « l'Incroyable », est une nougatine fourrée d'une ganache. 148 F l'étui de 300 g.

## L'Herboristerie du Palais-Royal

**11, rue des Petits-Champs
75001 (C3)
☎ 01 42 97 54 68
M° Palais-Royal-Musée
du Louvre
Lun.-ven. 9h30-19h, sam.
10h30-18h30.**

Bois naturel et vannerie, un joli décor pour des centaines de plantes médicinales et aromatiques. Cosmétiques à base d'extraits de plantes et d'huiles essentielles pour les cheveux, le visage et le corps. Senteurs de rose et de jasmin pour l'eau du bain et le parfum de la maison.
Le paquet de fleurs de mauve, 30 F ; huile aux germes de blé, 78 F les 100 ml.

## Faguais

**30, rue de La Trémoille
75008 (A3)
☎ 01 47 20 80 91
M° George-V
Lun.-sam. 9h15-19h.**

Dans ce magasin à l'ancienne où la caisse est restée derrière une cloison vitrée, on importe depuis 1912 ce qui se fait de mieux en matière d'arabica. Le *moka* d'Éthiopie, le *pacarama* du Salvador, le *blue mountain* de la Jamaïque. Le café est torréfié au fur et à mesure des besoins, à partir de 30,50 F

les 250 g. Il s'accompagne des traditionnels de l'épicerie fine : les miels délicieux et les thés superbes.

## Verlet

**256, rue Saint-Honoré
75001 (C3)
☎ 01 42 60 67 39
M° Palais-Royal-Musée
du Louvre
Mar.-sam. 9h-19h (hiver),
lun.-ven. 9h-19h (mai-oct.),
salon de thé, 9h-18h.**

On y parle café comme on parlerait poésie ou musique. Les mélanges maison se font au rythme des saisons, plus légers l'été, le printemps ; plus parfumés à l'automne. On déguste sur table le café fraîchement torréfié, l'*arabica* de Jamaïque, de Hawaï, de Colombie, parmi les quelque vingt variétés de Verlet. Thés, fruits secs, fruits confits et glaces. De 25 F à 48 F les 100 g.

## Olsen Bornholm

**8, rue du Commandant
Rivière, 75008 (A3)
☎ 01 45 61 22 64
M° St-Philippe-du-Roule
Lun.-sam. 12h-15h et 19h-
23h.**

Importation directe de la Baltique. L'anguille ( 260 F le kilo) et le saumon fumé sauvage (280 F le kilo) font faire le voyage jusqu'ici aux Scandinaves de Paris ! Massepain exceptionnel, 180 F le kilo. Quelques tables si vous craquez tout de suite.

## ET ENCORE...

■ FAUCHON
26, pl. de la Madeleine, 75008, (B3), ☎ 01 47 42 60 11
M° Madeleine. Lun.-sam. 9h40-19h, rayon traiteur 20h30. Où trouver le miel (100 F le pot) que fabriquent les abeilles de l'Opéra Garnier après avoir butiné les fleurs des Tuileries sinon chez Fauchon ? Les conserves, les alcools, les confitures, les sauces…, tout est là. Vente par correspondance en France et à l'étranger..

■ HÉDIARD,
21, pl. de la Madeleine, 75008, (B3), ☎ 01 43 12 88 88
M° Madeleine. Lun.-sam. 9h-21h. L'autre fameuse épicerie fine de la place de la Madeleine : un grand classique (voir p. 36).

■ IZRAEL
30, rue François Miron, 75004, (D4), ☎ 01 42 72 66 23
M° Saint-Paul. Mar.-sam. 9h30-19h. Des épices rares et parfumées, toute la magie de l'Orient au cœur du Marais (voir p. 58).

# MARCHÉS D'ICI ET D'AILLEURS

La grande tradition commerciale de Paris remonte au Moyen Âge. Survivance de cette époque, de nombreux marchés continuent d'alimenter la capitale, son ventre ou son esprit. En voici quelques-uns, pittoresques ou insolites.

## ALIMENTATION

### Tang Frères

48, avenue d'Ivry, 75013
M° Porte d'Ivry (D5)
T. l. j. 9h-19h30, f. lun.

Un incroyable supermarché asiatique bondé. Choux chinois, kumquats, riz basmati ou gluant, œufs de cent ans, bouchées vapeur (20 F les 12), viandes, poissons, bonsaïs, vaisselle, bière chinoise, plats préparés (10 F les 100 g). Des prix défiant toute concurrence, de la couleur, de l'ambiance. Un dimanche après-midi, quand tout est fermé à Paris, vous aurez l'impression d'être en Extrême-Orient pour le prix d'un ticket de métro.

### Marché de Belleville

Sur les terre-pleins du boulevard de Belleville, 75020, M° Belleville (E3)
Mar. et ven. 7h-13h30.

On y vient de tout Paris pour trouver la banane plantain, l'igname ou la christophine. Les fruits exotiques sont également très bien représentés ; de nombreux restaurants antillais, africains ou asiatiques viennent s'y approvisionner. Grand choix d'épices et d'aromates frais. Glissez-vous parmi les femmes en boubou et laissez-vous tenter par ces arômes venus d'ailleurs.

### Marché biologique

Boulevard Raspail, entre la rue du Cherche-Midi et la rue de Rennes, 75006 (B4)
M° Sèvres-Babylone ou Rennes
Dim. matin.

Tous les écolos rive gauche et les amateurs de «bio» parisiens fréquentent ce joli marché de produits issus de l'agriculture biologique. Les prix sont assez élevés, mais vous pourrez y acheter

des légumes anciens, comme le pâtisson ou le potimaron, la courge ou le choux chinois… Également stands de charcuterie et de produits régionaux 100% naturels.

### Marché Mouffetard

Rue Mouffetard, jusqu'à la place de la Contrescarpe 75005 (C4-5)
M°Censier-Daubenton
Mar.-sam., 9h-13h et 16h-19h30, dim. matin.

«La Mouff» comme les Parisiens l'appellent familièrement est un marché réputé pour ses fruits, ses légumes et ses charcuteries. Avec ses étals colorés, sa vieille église et son accordéoniste, on dirait un

décor de cinéma évoquant le Paris de toujours (les touristes sont malheureusement un peu nombreux). Une balade sympa pour un dimanche matin.

## Marché d'Aligre

Rue d'Aligre, 75012 (D4)
M° Ledru-Rollin
t. l. j. sauf lun. de 8h à 13h
et de 15h30 à 19h30, dim.
de 8h à 13h.

Pas très loin du quartier branché
de la Bastille, la place d'Aligre a
conservé son authenticité de
marché parisien, largement
animé par des marchands nord-
africains. Sur la place, le marché
Beauveau est une belle halle
couverte du siècle dernier qui vaut
le détour pour ses pavés à
l'ancienne et sa fontaine.
Excellent charcutier et
exceptionnel fromager. Sur la
place, plusieurs stands de fripes.

## TISSUS

### Marché Saint-Pierre

2, rue Charles-Nodier
75018 (C2)
☎ 01 46 06 92 25
M° Anvers
Mar.-sam. 9h15-18h30, lun.
13h-18h30.

Ce grand magasin de tissu est le
royaume des couturières et des
bricoleuses. Au deuxième étage,

## MARCHÉ AUX FLEURS ET AUX OISEAUX

Place Louis-Lépine
75001 (C4)
M° Cité
Lun.-sam. de 8h à 19h30,
f. déc.

À deux pas du palais de Justice,
primevères, géraniums,
rhododendrons et hortensias
occupent le sol de l'île de la Cité.
Bonne sélection de bonzaïs.
Le dimanche, de 8h à 19h30, les
plantes laissent la place aux
volatiles. Canaris, mainates,
perruches et oiseaux rares
rivalisent de trilles.
Si vous avez vos enfants,
poursuivez la balade en
traversant la Seine. Juste en face,
sur le quai de la Mégisserie, se
trouvent des animaleries et des
boutiques d'aquariophilie
(ouv. le dim.) où vous pourrez
voir des poissons de toutes les
mers du monde.

le rayon des soieries est le meilleur
de Paris. Tissus d'ameublement
au 3ème et linge de maison au
4ème. Pour 2 mètres de lainage,
le premier prix est à 20 F.

À côté, le magasin **Reine** est
plutôt spécialisé dans les tissus
d'ameublement.
Les rues avoisinantes se sont
toutes consacrées à la vente de
tissu au détail et le quartier forme
désormais le plus grand magasin
de textile de France.

## LIVRES ET TIMBRES

### Marché aux livres

Rue Brancion, 75015 (A5)
M° Porte de Vanves
Sam. et dim. de 9h30 à 18h.

Le parc Georges Brassens accueille
tous les week-ends les intellos
fauchés et les fouineurs. Livres
d'occasion à 10 F, B.D., mais aussi
éditions anciennes de *Tintin* et
beaux livres se côtoient sur ce
marché couvert, pour le plus
grand plaisir des chineurs.

### Marché aux timbres

À l'angle de l'avenue
Marigny et de l'avenue
Gabriel, 75008 (A3)
M° Franklin D. Roosevelt
Jeu., sam., dim., et jours
fériés.

Cette institution parisienne en
plein air est la plus appréciée des
philatélistes et des collectionneurs
de cartes de téléphone. Ils y
trouveront sans doute la pièce qui
manque encore à leur collection,
à condition d'y mettre le prix. Très
grand choix de cartes postales
anciennes classées par thèmes ou
par régions, pour découvrir une
vue de votre ville au début du
siècle.

# PUCES ET CHINE

Avec quatre mille antiquaires ou brocanteurs, et la plus grande salle des ventes de France, Paris et sa région sont au centre du marché national de l'art. Tout s'y achète et tout s'y vend, de l'ours en peluche à la chaise à porteurs. Chaque week-end, Paris chine : cartes de crédit s'abstenir.

### Hôtel Drouot

**9, rue Drouot, 75009 (C3)**
☎ 01 48 00 20 20
M° Richelieu-Drouot
Expositions la veille des ventes 11h-18h ; le matin de la vente 11h-12h ; ventes de 14h à 18h.

Prendre part à une vente aux enchères c'est souvent le moyen d'acheter beaucoup moins cher que chez les marchands puisque c'est justement là qu'ils s'approvisionnent. Attention, il faut toujours rajouter environ 11% de frais sur le montant de la dernière enchère. Toutes les ventes sont annoncées dans *La Gazette de l'hôtel Drouot* (13,50 F en kiosque). Elles sont précédées d'une exposition où vous pourrez tranquillement regarder, et même prendre en main l'objet qui vous intéresse.

Si vous n'êtes pas là le jour de la vente, pas de problème, il suffit de laisser un ordre d'achat au commissaire-priseur. L'objet vous appartiendra si au cours de la vente le prix que vous avez arrêté au préalable n'est pas atteint. Pas de vente à Paris le samedi ni le dimanche, mais vous pouvez aller à Versailles ou à Saint-Germain, où ont parfois lieu des ventes pendant le week-end. Toutes sont annoncées dans *La Gazette*.

### Puces de Saint-Ouen

M° Porte de Clignancourt (C1). Sam., dim., lun. 8h-18h.

Le marché aux puces de Saint-Ouen, composé de plusieurs marchés distincts, est la plus grande surface du monde consacrée au commerce des antiquités. On y vient de partout pour chiner un objet précis ou pour s'y balader. En toute saison c'est un but de promenade dominical très fréquenté par les Parisiens et l'été par les touristes.

Ne vous attendez pas à faire des affaires, mais ne redoutez pas de vous faire escroquer. Vous trouverez de tout, à peu près au juste prix du marché parisien. En effet, les vendeurs connaissent bien leur marchandise, et si vous trouvez que les prix sont élevés, dites-vous que c'est parce qu'il y a des clients qui sont prêts à le payer. Toutefois, vous pourrez toujours négocier le meuble ou l'objet qui vous plaît. Une remise de 10% est courante sur le premier prix demandé, mais avec de la persévérance, vous pouvez obtenir jusqu'à 25 ou 30%. Tous les marchands travaillent avec des transporteurs qui

pourront vous livrer n'importe où en France, mais il faudra prévoir un supplément. Vous pouvez également faire appel à un transporteur privé (voir p. 83).

### Marché Paul Bert
Rue Paul Bert.

Peut-être le dernier marché des puces où l'on peut encore trouver d'authentiques stands de brocanteurs. Ferronnerie, mobilier de jardin, objets des années cinquante-soixante, verrerie, faïences…

### Marché Biron
Rue des Rosiers.

Voilà un marché à double face : l'allée couverte est consacrée au très bon mobilier régional (beaucoup de bois fruitier) rustique ou bourgeois ; tandis que l'allée en plein air est plus tape-à-l'œil avec des lustres en cristal, des meubles de style surchargés de bronzes dorés. Quelques stands plus pointus (Art nouveau, Art déco, éventails, verrerie…). À l'entrée du marché, il y a un transporteur : pratique si vous faites un achat encombrant.

### Marché des Rosiers
Rue Paul-Bert.

Pâte de verre et céramique 1900-1930. Des Gallé, des Lalique et des Decorchemont, comme s'il en pleuvait. Rien que du beau aux prix les plus hauts.

### Marché Serpette
Rue des Rosiers.

Un marché récent, un peu snob, où l'on trouve beaucoup d'objets, de peinture et de mobilier Art nouveau ou Art déco, parfois outrageusement restaurés. Prix élevés.

### Marché Jules Vallès
Rue Jules-Vallès.

Cartes postales anciennes, vieux jouets, mobilier de jardin et sympathique bric-à-brac de grenier. À proximité, plusieurs boutiques vendent des vieux métaux : des plaques de fonte, grilles de balcon, escaliers en colimaçon, baignoires anciennes…

### Marché Vernaison
Avenue Michelet.

Un grand marché biscornu avec des allées irrégulières. Bons stands de tapis, de faïences régionales, de bibelots et d'objets de vitrine. Mobilier régional courant. Un stand amusant de vieilles paires de lunettes.

### Marché Malassis
Rue des Rosiers.

Lumineux et aéré, le dernier-né des marchés de Saint-Ouen reflète dans ses boutiques les modes du moment : Art déco, années cinquante, Napoléon III. Peu de gros

meubles, surtout des objets (barbotines, porcelaines), tapis, peintures et sculptures. Pas donné !

### Marché Dauphine
Rue des Rosiers.

Sur deux étages, gravures, peintures, objets de vitrine, beaux meubles du XVIIIe s. aux années 50, faïences, porcelaines, livres et vieux papiers.

## Puces de Montreuil
Avenue du Professeur-André-Lemierre, 75020 (F4)
M° Porte de Montreuil
Sam., dim., lun. 8h-18h.

Un peu de brocante courante, généralement sans intérêt, et des fripes 60-70, parfois formidables, pour se confectionner un look «Deschiens» pour presque rien.

## Puces de Vanves
Avenue Georges-Lafenestre
75014 (B6)
M° Porte de Vanves
Sam. et dim. 7h-19h30.

De bons stands généralistes (bibelots, curiosités, livres, faïences), de la peinture et du mobilier courant, fin XIXe s. à nos jours. Sensiblement moins cher qu'à Saint-Ouen (c'est là que les antiquaires eux-mêmes viennent faire leur marché). L'endroit idéal pour chiner un objet de déco rigolo. Notre préféré.

# Sortir mode d'emploi

Vous sortez à Paris, ne vous inquiétez pas, la nuit n'y est pas plus dangereuse qu'ailleurs. Certains quartiers sont peut-être à éviter après 1h du matin : Stalingrad, Barbès, les Halles plutôt *junkies* mais, dans l'ensemble, vous n'aurez rien à craindre. La clientèle des derniers métros n'est pas toujours agréable mais c'est assez surveillé. Voici quelques idées et quelques adresses pour vous faciliter la vie.

## SE DÉPLACER LA NUIT

**En métro** : toutes les lignes fonctionnent de 5h30 le matin à 0h30 la nuit, dernier départ en tête de ligne.

**En bus** : les lignes suivantes fonctionnent jusqu'à 0h30, les n° 21, 26, 27, 31, 38, 52, 62, 63, 72, 74, 80, 85, 91, 92, 95, PC. Certaines lignes sont exploitées en partie seulement. Les horaires sont affichés sous les abris-bus, la fréquence des passages varie de 15 à 30 minutes.
Les autres s'arrêtent vers 20h30-21h.

La RATP a mis en place un système de *Noctambus* qui relient Paris et la banlieue. Le service est assuré de 1h à 5h30. Le prix du billet, quel que soit le trajet, avec ou sans correspondances est de 30 F.

**En taxi** : sur quelque 15 500 chauffeurs, à peu près 2 000 travaillent la nuit. Le plus sûr est encore de les appeler par téléphone mais beaucoup attendent le client aux stations ou tournent dans les rues et s'arrêtent quand on leur fait signe. La prise en charge à la borne est de 13 F. À partir de 19h et jusqu'à 7h du matin le tarif au compteur est le tarif B, c'est-à-dire 5,45 F le kilomètre, de même le dimanche et les jours fériés. Si vous sortez de Paris en zone suburbaine, le tarif sera B de 7h à 19h et C (soit 7 F le kilomètre) de 19h à 7h, ainsi que dimanches et jours fériés, dans les Hauts-de-Seine, le Val-de-Marne et la Seine-Saint-Denis.

Si vous demandez à un taxi de vous attendre, cela vous coûtera 130 F l'heure. Si vous voulez faire un tour de Paris la nuit pour regarder les illuminations, vous paierez environ 75 F pour 30 minutes.

**En limousine** : s'il vous prend l'envie de jouer les VIP, quitte à vous mettre aux pâtes en rentrant, adressez-vous à International Limousines, 182, bd Péreire, 75017, ☎ 01 53 81 14 00. De 20h à 24h, vous aurez droit à un chauffeur et à une Mercedes 300 SEL 4 portes ou à une Silverstar 6 portes pour 422 F l'heure. Le dimanche, compter un supplément week-end de 110 F : une paille !

## OÙ TROUVER LES PROGRAMMES DES SPECTACLES ?
La plupart des quotidiens, *le Figaro, le Monde, Libération*… ont des

pages spectacles assez documentées. La bible si vous voulez sortir reste *Pariscope* (3 F) ou *l'Officiel des Spectacles* (2 F) qui paraissent tous deux le mercredi, jour où les salles de cinéma changent leur programme.

## À QUELLE HEURE SORT-ON ?

Pour dîner, à partir de 20h ; certains restaurants ont deux services et servent tard la nuit.

Dans les cafés, à partir de 18h ou de 20h. À l'Opéra, souvent à 19h30. Au théâtre, à 20h30 ou 21h. Au concert, à 20h30. Dans les boîtes, pas avant 23h-23h30.

## COMMENT S'HABILLE-T-ON ?

Si vous avez l'intention d'aller dans un grand restaurant, prenez un costume-cravate et un tailleur. À l'Opéra ou au théâtre, sauf aux soirées de premières, il n'est plus d'usage de s'habiller. Dans les boîtes de nuit, soyez mode, avec ou sans cravate, il n'y a pas de règle. Dans les bars, les pubs ou les cafés

branchés, prenez le style décontracté avec ou sans recherche. Attention aux baskets, tout le monde n'aime pas.

## SPÉCIAL INSOMNIAQUES

S'il vous prend une envie irrésistible de voir un film à minuit et demi, regardez les programmes des salles UGC des Champs-Élysées ; ceux des cinémas Gaumont, de Montparnasse à l'Étoile et ceux du Publicis Élysées.

Une petite faim ? La boulangerie de l'Ancienne Comédie, 10, rue de l'Ancienne-Comédie 75006, ☎ 01 43 26 89 72, reste ouverte 24h/24.

Du jazz à tout prix ? Champs Disques, 84, av. des Champs-Elysées, 75008, est ouvert du lundi au samedi de 9h à 24h. Virgin Megastore, au 52, ☎ 01 49 53 50 00, est ouvert t. l. j. de 10h à minuit, le dim. et j. f. de 12h à minuit.

## LES NOUVELLES DU LENDEMAIN ?

Les kiosques à journaux au 33 et au 60, Champs-Élysées, celui de la place de l'Étoile, celui du 16, bd de la Madeleine, font le tour du cadran. Le Prisunic du 26, rue d'Astorg, ☎ 01 42 65 44 16, est ouvert jusqu'à minuit ; les Drugstores Publicis, 133 av. des Champs-Élysées, ☎ 01 44 43 79 00 et 1, av. Matignon, ☎ 01 43 59 38 70, sont ouverts tous les jours de 9h à 2h.

## BILLETS DERNIÈRE MINUTE

Pour le théâtre, ils s'achètent le jour même de la représentation à demi-tarif au **kiosque de la Madeleine**, de 12h à 20h (dimanche 16h) ; au **kiosque du Châtelet** de 12h30 à 16h, sauf dimanches et jours fériés ; au **kiosque de Montparnasse** de 12h30 à 20h (dimanche 16h). En fonction des places disponibles... Pour tous les autres spectacles, concert, théâtre, exposition, compétitions sportives, on peut tenter sa chance aux agences de la **FNAC** (lun.-sam. 10h-19h30) et chez **Virgin** (lun.-sam. 10h-24h, dim. 12h-24h). **Ticket +** offre une solution très simple pour tous les types de spectacles (théâtre, concert, cabaret, manifestation sportive, expo, parc de loisirs) : vous choisissez votre spectacle et vous réglez par chèque ou par carte de paiement. Vos billets sont ensuite expédiés chez vous, ou mis à disposition dans un point de vente Billetel. Pour consulter facilement toutes les offres et réserver 7 jours sur 7 : ☎ 3615 BILLETEL.

S'il vous faut un livre pour vous endormir, pensez à la librairie du **Virgin Megastore** ; aux **Mots à la Bouche**, 6 rue Sainte-Croix-de-la-Bretonnerie ☎ 01 42 78 88 30 (ouv. t. l. j. jusqu'à 23h, dim. 20h) ; à l'**Écume des Pages**, 174, bd Saint-Germain, 75006, ☎ 01 45 48 54 48, ouvert jusqu'à minuit (f. dim.) ; à **La Hune**, 170, bd Saint-Germain, 75006, ☎ 01 45 48 35 85, ouvert jusqu'à 23h45 (f. dim.) ; au **Marché Saint-André**, 40, rue Saint-André-des-Arts, 75006, ☎ 01 43 26 16 03, jusqu'à minuit également.

# SORTIR

Où sortir quand on passe seulement quarante-huit heures à Paris ? Illuminations, concert ou opéra ? Des cafés sympas, des cafés branchés ; de la dance music… Du jazz en soirée ; un pub irlandais. Des boîtes de nuit, des lieux pas trop fermés… À choisir selon l'humeur. Vous trouverez peut-être certaines adresses un peu excentrées, c'est la nouvelle tendance : les quartiers les plus branchés commencent à la Bastille et se terminent sur les hauteurs de Belleville ou de Ménilmontant. On y pratique la world culture en écoutant la world music, allez vite les découvrir.

## Les lumières de la ville

Il y a deux façons de voir Paris éclairé, par terre ou sur l'eau. Aller de la Maison de la Radio à Bercy par les voies sur berges permet de longer la Seine. On passe au pied du Trocadéro, en face de la tour Eiffel, on arrive place de la Concorde et on longe le jardin des Tuileries. Sur la rive opposée, apparaît le musée d'Orsay. Évitez le souterrain pour la vue sur le dôme fraîchement restauré du palais de l'Institut, côté rive gauche. Un peu plus loin, ne ratez pas la colonnade du Louvre, classique et belle, et jetez un œil sur le plus beau monument de Paris de style Art déco : le grand magasin de la Samaritaine. À droite, le Pont-Neuf est également éclairé. Sur l'île de la Cité, peu après, se dessine la longue façade de la Conciergerie. On arrive ensuite place du Châtelet où la fontaine du Palmier se dresse entre les deux

théâtres. Puis, toujours sur l'île de la Cité, se détache la masse de Notre-Dame, derrière le bâtiment à coupole du Tribunal de Commerce. Le quai borde ensuite la place de l'Hôtel-de-Ville,

brillamment illuminée. On arrive alors dans le Marais, riche des merveilleuses façades de ses hôtels nobles. Sur la rive d'en face se profile l'île Saint-Louis, où se succèdent de magnifiques hôtels du XVIIe s. On passe ensuite sous le pont d'Austerlitz et le quai longe le quartier de Bercy aux immeubles futuristes, jusqu'au ministère des Finances. Au fil de l'eau, une simple croisière ou un dîner sur la Seine, à vous de choisir.

## Bateaux Parisiens

☎ 01 44 11 33 55, port de la Bourdonnais (devant la tour Eiffel), parking gratuit pour 3 heures, accès par le quai Branly face à l'avenue de la Bourdonnais. Promenade d'une heure, départ toutes les demi-heures de 10h à 22h 50 F par personne, 25 F pour les moins de 12 ans. Dîner (560 F) de 20h à 23h avec musique classique, orchestre et chanteuse. De Bercy à la statue de la Liberté. Tenue de ville. Venir sans son caniche.

## Yachts de Paris, le *Don Juan*

Un bateau des années 30, de l'acajou et du teck, une cheminée de marbre noir dans le grand salon. Le carré des officiers, des fauteuils confortables.

Une croisière gourmande dont la carte est imaginée par Gérard Besson. Salade de homard, marbré d'aiguillette de bœuf et foie gras, etc., 790 F par personne avec une 1/2 bouteille de vin ; départ à 21h, retour vers 23h.

## Les concerts

### Salle Pleyel
252, rue du faubourg Saint-Honoré, 75008 (A2)
☎ 01 45 61 53 00
M° Ternes.

Le vendredi à 20h, orchestre philharmonique de Radio France ; le samedi à 17h30, Concerts Pasdeloup ; le dimanche à 17h45, Concerts Lamoureux. Du 20 septembre au 20 juin. Réservation

par téléphone (en donnant votre n° de carte bancaire) du lundi au vendredi de 10h à 18h, 15 jours à l'avance ; directement à la caisse de 11h à 18h, du lun. au sam., et à l'heure du concert les soirs de représentation ; par courrier avec enveloppe timbrée pour la réponse. De 65 à 190 F.

## Cité de la Musique

221, av. Jean-Jaurès, 75019
M° Pantin (E2)
Programmation,
☎ 01 44 84 44 84

L'architecture de Christian de Portzamparc, la salle de concerts, l'amphithéâtre du musée, la rue musicale (concerts libres). Réservations par correspondance au plus tard 3 semaines avant la représentation ; par téléphone ou aux caisses tous les jours de 12h à 18h, dimanche de 10h à 18h.

Places éventuelles à la caisse une demi-heure avant les concerts. Répertoire classique, musique baroque, jazz, rock, chanson française, créations contemporaines.

## Le chant

### Opéra Garnier
Pl. de l'Opéra, 75009 (C3)
M° Opéra.

### Opéra Bastille
120, rue de Lyon, 75012
M° Bastille (D4)
Location
☎ 08 36 69 78 68

Il vaut mieux s'y prendre à l'avance pour être sûr d'avoir des

places, soit directement, soit en passant par une agence. La réouverture de l'Opéra Garnier va permettre d'élargir les programmes et de toucher un plus grand nombre. Prix des places de 60 à 590 F environ.

## Péniche Opéra

**Face au 200,
quai de Jemmapes, 75010
M° Jaurès (D2)
☎ 01 53 38 49 40 (rens.)
☎ 01 42 45 18 20
(réservations)
Lun.-ven. 10h-19h,
sam.-dim.
ouvert pour
les représentations.**

Une péniche reconvertie près de l'hôtel du Nord... Représentations à 21h, dimanche à 17h. Mises en scène, spectacles empruntés au grand répertoire et au répertoire contemporain. De 60 F à 250 F.

## Le jazz

### La Villa

**29, rue Jacob, 75006 (C4)
☎ 01 43 26 60 00
M° Saint-Germain-des-Prés
T. l. j. 22h30, f. dim. et août.**

Au sous-sol d'un hôtel 4 étoiles au décor contemporain de Marie-Christine Dorner. Quartets et quintets, des artistes américains et européens, une programmation différente chaque semaine. Quelques noms tous genres confondus : Ceccarelli, Roney, Van Freeman, Kurt Elling... L'accueil de nouveaux talents. 120 F l'entrée avec une consommation, 150 F vendredi et samedi.

### Le Duc des Lombards

**42, rue des
Lombards, 75001
☎ 01 42 33 22 88
M° Châtelet. (C3)**

Musiques improvisées, incursions en Amérique latine, jazz français moderne. Du velours rouge et du bois. Concerts à 22h, dimanche à 21h. Entrée 80 F, certains concerts à 100 F.

### Le Baiser Salé

**56, rue des Lombards, 75001
☎ 01 42 33 37 71 (C3)
17h-6h ; jazz à 22h,
dim. à 21h.**

Un jazz métissé, l'Afrique, l'Amérique du Sud, les USA, l'Europe. Jeudi, vendredi, samedi : chansons françaises de créateurs à 20h, 22 h jazz. Entrée de 30 à 70 F.

### Le Sunset

**60, rue des Lombards (C3)
☎ 01 40 26 46 60
21h30 à l'aube,
concert à 22h, 21h le dim.**

Depuis 1976, le plus vieux de la rue. Jazz acoustique à tendance bop, Christian Vander, les frères Belmondo, Laurent de Wilde, etc. Dimanche, jazz local ; lundi, latin jazz ; mardi, nouvelle génération jazz ; de mercredi à samedi, groupes internationaux. Entrée de 50 à 80 F.

### Le New Morning

**7/9, rue des Petites-Écuries, 75010. ☎ 01 45 23 51 41
M° Château d'Eau (D2)
Ouvert à 20h, concerts 21h ;
réservations : 16h30-19h30.**
Une institution, tous les grands noms du jazz d'Art Blakey à Dizzy Gillespie. Du béton peint en rouge, style garage détourné. Salsa, blues, afro, rock, un mixe de musique live. Entrée 110 F env.

## Les pubs

### Kitty O'Shea

**10, rue des Capucines (C3)
75002
☎ 01 40 15 00 30
M° Opéra
T. l. j. 12h-1h30.**

n décor de bois patiné, du rouge
. du vert, l'Irlande à Paris. La
V retransmet en direct par sa-
llite les matchs irlandais (gae-
c football et hurling) le di-
nanche vers 15h. On s'empile
e week-end, âges mélangés et
whisky à 35 F. Musique live di-
nanche soir à 20h.

## The Frog & Rosbif
16, rue Saint-Denis, 75002
☎ 01 42 36 34 73
M° Étienne-Marcel (C3)
T. l. j. 12h-2h.

Very british indeed... La bière anglaise est brassée sur place. Clientèle d'habitués, anglophone et
française ; ambiance décontractée ; acid jazz et funk. 22 F le demi,
35 F la pinte, 110 F le pichet.
Brunch le dimanche de 12h à 16h.

### Les bars des quartiers branchés

Depuis 3 ou 4 ans, l'épicentre de
la nuit parisienne chic et
moderne s'est déplacé dans le
XIe arrondissement (D3) entre
la République et le Père-Lachaise. Allez y faire un tour si vous
voulez découvrir une ambiance
authentiquement branchée.

## Café-Charbons
109, rue Oberkampf, 75011
☎ 01 43 57 55 13
M° Parmentier
T. l. j. 9h-2h. Brunch sam.
et dim. 12h-17h.

## La Buvette
26, rue des Panoyaux,
75020 (E4)

## La Mercerie
98, rue Oberkampf, 75011
☎ 01 43 38 81 30

## Le Troisième Bureau
74, rue de la Folie-Méricourt,
75011
☎ 01 43 55 87 65

## Le Satellit'café
44, rue de la Folie-Méricourt,
75011
☎ 01 47 00 48 87

## La Perla
26, rue François-Miron,
75004 (D4)
☎ 01 42 77 59 40
M° Saint-Paul
T. l. j. 12h-2h.

## Le Camelot
50, rue Amelot, 75011
☎ 01 43 55 54 04

## Le Clown Bar
114, rue Amelot, 75011
☎ 01 43 55 87 35

## Les Couleurs
117, rue Saint-Maur 75011
☎ 01 43 57 95 61
M° Parmentier ou Saint-Maur
T. l. j. de 13h à 2h.
Au carrefour de la rue Oberkampf et de la rue Saint-Maur,
entre le métro Parmentier et le
métro Ménilmontant se trouve

l'épicentre de la nuit parisienne
branchée. En quelques mois de
nombreux bars ont ouverts, certains sont déjà à la mode,
d'autres sont encore authentiques, Les Couleurs est l'un de
nos préférés. Allez assister à ses
matinées tango (le sam.) ou à
ses concerts de musique swing,
jazz, africaine... (le ven., le
sam. et le dim.). Ambiance
sympa : artistes, comédiens débutants et jeunes intellos sans
grosse tête.

## Le Cannibale Café
93, rue Jean-Pierre-Timbaud
au coin de la rue du Moulin-
Joli, 75011
☎ 01 49 29 95 59
M° Couronne
T. l. j. 7h-2h.
Un café éclectique, le mélange des
cultures et des âges. On y déjeune
brasserie, on y dîne cuisine du
monde. Les artistes et les gens du cinéma se mêlent à ceux du quartier
sous les lustres et les miroirs d'un
décor de récup'. Fond de musique
et grand choix de cocktails à 37 F.

## La Flèche d'or
102 bis, rue de Bagnolet
75020 (E3)
☎ 01 43 72 04 23
M° Gambetta
ou Porte de Bagnolet
Ouv. t. l. j. de 10h à 2h du
mat., lun. 18h-2h.

Il y a longtemps que le petit train
de ceinture ne circule plus sur
la voie qui passe au-dessous de
l'ancienne gare de Bagnolet. Les

voies désaffectées, envahies par les herbes et les fleurs, servent de territoire de chasse aux chats du quartier. La gare elle-même, suspendue au-dessus de ce décor de campagne en pleine ville, a été convertie en un bistrot animé. Il est fréquenté par les jeunes et moins jeunes artistes et branchés du quartier. Musique live le samedi soir, bière trois fois moins chère qu'à Montparnasse ou qu'à la Bastille, pas un touriste. Brunch le dimanche.

## Le China Club
**50, rue de Charenton, 75012 (D4)**
**☎ 01 43 43 82 02**
**M° Ledru-Rollin**
**Ouv. t. l. j. de 19h à 2h du mat. Ven. et sam. jusqu'à 3h30 du mat.**

À peine franchie la porte, on se croirait dans un luxueux club de Hong Kong ou de Saigon au temps des colonies. La première partie de la salle fait office de restaurant, vous c'est le bar, au fond, avec ses canapés confortables, ses hautes fenêtres et son comptoir interminable qui est surtout spectaculaire Pour prendre son Long Island Iced Tea en compagnie. Au premier étage, allez jeter un œil aux toilettes et

asseyez-vous au «fumoir», plus intime et plus cosy qu'au rez-de-chaussée, pour écouter un air d'opéra : vous aurez l'impression de faire de la figuration pour le film *Indochine*.

## Lou Pascalou
**14, rue des Panoyaux, 75020. ☎ 01 46 36 78 10**
**M° Ménilmontant (E4)**
**T. l. j. de 8h à 2h du mat.**

Ce vieux bistrot vient de retrouver une nouvelle jeunesse mais son décor - tout droit sorti des films réalistes d'après-guerre - est encore intact. Les poivrots de ce quartier populaire et attachant ont cédé la place à des jeunes artistes débutants, comédiens pas encore branchés.

Bonne ambiance décontractée autour du billard français qui vous attend pour une partie.

## Le Soleil
**136, boulevard de Ménilmontant, 75020 (E4)**
**☎ 01 46 36 47 44**
**M° Ménilmontant**
**T. l. j. de 9h à 2h du mat.**

Les bonnes adresses s'échangent de bouche à oreille et elles tournent vite. Dépêchez-vous d'aller prendre l'apéro au Soleil avant que son heure soit passée. Pour le moment c'est un bar de quartier populaire, ouvert sur le spectacle du boulevard : Parisiens de toujours, africaines en boubou, maghrébins solitaires... En fin de journée la grande terrasse ensoleillée est bondée de jeunes branchés sans prétention qui viennent de tout Paris, boire une bière (très peu chère) ou un Ricard. Il n'est pas rare que quelqu'un se mette à la guitare.

## Les Portes
**15, rue de Charonne, 75011**
**☎ 01 40 21 70 61**
**M° Bastille (D4)**
**Ouv. t. l. j. de 12h à minuit, dim. 17h-minuit.**

À l'origine cosy et intimiste, ce bar s'est agrandi il y a un an, en achetant le bistrot d'à côté. Il faut descendre une marche pour accéder à la salle où l'on se sent un peu comme «à la maison». Décor chaleureux, meubles dépareillés, musique agréable : c'est l'idéal pour prendre un verre une fin d'après-midi d'hiver, ou pour siroter son apéro en attendant qu'une table se libère dans une des restaurants voisins. Petite terrasse l'été pour observer la faune de la Bastille, bonnes assiettes de salades à déjeuner.

## La Liberté
**196, rue du faubourg Saint-Antoine, 75012 Paris (E4)**
**☎ 01 43 72 11 18**
**M° Faidherbe-Chaligny**
**Ouv. t. l. j. de 9h à 2h du mat.**

## Cabarets et revues

Des femmes ? Des plumes ? Des strass ? Ne résistez pas, les cabarets et les revues sont là pour ça.

**La Belle Époque**, 36, rue des Petits-Champs, 75002, ☎ 01 42 96 33 33.

**Crazy Horse,** 12, av George-V, 75008, ☎ 01 47 23 32 32, le plus sexy.

**Le Lido**, 116 bis, av des Champs-Elysées, 75008, ☎ 01 40 76 56 10, l'incontournable.

**Chez Michou**, 80, rue des Martyrs, 75018, ☎ 01 46 06 16 04, humour et travestis.

**Le Paradis Latin**, 28, rue du Cardinal-Lemoine, 75005, ☎ 01 43 25 28 28, un classique.

Rien n'aurait disposé ce bistrot de quartier à devenir ce sympathique troquet sans un changement de propriétaire. La clientèle aussi a changé : jeunes branchés du quartier, moins pauseurs qu'à la Bastille. Musique live le samedi soir. Le reste du temps échiquier et backgammon sont à la disposition des consommateurs.

## Satellit Café

44, rue de la Folie-Méricourt, 75011 (D3)
☎ 01 47 00 48 87
M° Oberkampf, Parmentier, Saint-Ambroise
Lun.-jeu. 18h-2h, ven. et sam. de 18h à l'aube.

Plus intemporel que branché, de 18 ans à pas d'âge. Des notes de musique VIIIe s. sur fond terracotta, des pochettes de disques 33 tours en tableaux, des tables de cuivre et des chaises de fer noir. Du rock et du flamenco, la musique de Cuba ou celle du Tibet, la chanson française… De 34 à 68 F la consommation. On peut danser si on veut.

## Dance Bars

### Le Cithéa

114, rue Oberkampf, 75011
☎ 01 42 33 28 73 (D3)
M° Ménilmontant
Tél. pour les programmes de concerts.

Un lieu au décor classique et moderne où se retrouve une clientèle plutôt BCBG. Après les concerts (Rock, Pop, Jazz…) un DJ vous fera danser, à moins que vous ne préfériez tout simplement boire un verre.

## La Casbah

23, rue de la Forge-Royale, 75011 (D4)
☎ 01 43 71 71 89
M° Ledru-Rollin, Faidherbe-Chaligny
T. l. j., bar à partir de 20h, disco du jeu. au ven. à 23h.

Pas de cravate mais filtrage à l'entrée. Décor marocain, acid jazz orientalisé, house music, groove… Ven. et sam. danse du ventre à 23h. Entrée et consommation 120 F le ven. et sam., 80 F, le jeu. deuxième verre 50 F.

## Le Moloko

26, rue Fontaine, 75009
☎ 01 48 74 50 26
M° Pigalle (C2)
T. l. j. 21h30-6h.

Au rez-de-chaussée, 100 CD à choisir dans un juke-box pour danser ou pas. Au premier, un deuxième bar ouvert le weekend, des peintures sur le thème de la femme. Du velours rouge, une mini scène pour happenings, des comédiens, des musiciens. Un mélange esprit d'aujourd'hui, BCBG ou branché. Happy hour jusqu'à 1h, 15 F la bière, 20 F l'alcool ; tarif nuit : 35 F la bière et 50 F l'alcool.

## What's Up

15, rue Daval, 75011 (D4)
☎ 01 48 05 88 33
M° Bastille
T. l. j. jusqu'à 2h, bar à partir de 19h, soirées 22h.

Tables espacées et bar gigantesque, lumières soft pour une soirée ambiance après 23h. Du groove, du new-jack, de la soul, de l'acid jazz. Vendredi et samedi, soirée What's Up avec DJ. Éviter les baskets et montrer patte

### Où dîner la nuit ?

On trouve tout à Paris, même des restaurants ouverts 24h sur 24.
**L'Alsace aux Halles**, 16, rue Coquillière, 75001,
☎ 01 42 36 74 24.
**Cosmos Café**, 101, bd Montparnasse, 75006,
☎ 01 43 26 74 36.
**Le Grand Café Capucines**, 4, bd des Capucines, 75009,
☎ 01 43 12 19 00.
**La Maison de l'Alsace**, 39, av des Champs Elysées,
☎ 01 53 93 97 00.
**Au Pied de Cochon**, 6, rue Coquillière, 75001,
☎ 01 40 13 77 00.
**Pub Saint-Germain**, 17, rue de l'Ancienne-Comédie,

blanche. Déco design d'un collaborateur de Starck. De 20h à 22h30, Happy hour : de 20 à 45 F ; après 22h30, de 30 à 55 F. Jeudi, vendredi, samedi, entrée 50 F avec consommation.

## Les boîtes de nuit

## Queen

102, avenue des Champs-Élysées, 75008 (A3)
☎ 01 53 89 08 90
M° Charles-de-Gaulle-Étoile
Ouvert tous les soirs
à partir de minuit.

La boîte la plus courue de la capitale, même si elle est théoriquement réservée aux gays. House music surtout. Le vendredi soirée Made in Queen avec DJ internationaux différents chaque semaine, soirée Disco le lundi. Des shows tous les soirs. Ven., sam., dim. 100 F avec consommation, 50 F le lun., gratuit les autres soirs. Inutile d'arriver avant minuit ou une heure du matin. Un must absolu.

## Les Bains

7, rue du Bourg-l'Abbé, 75003 (C3)
☎ 01 48 87 01 80
M° Étienne Marcel
T. l. j. de 22h à l'aube, restaurant 20h30-1h.

Jonathan Amar a signé le décor baroque rouge, or et bordeaux de ce temple de la nuit où mannequins et happy few côtoient les stars de passage. Si vous venez avec un habitué ou sur invitation, vous entrerez sans problème, sinon... Mais rien ne vous

empêche d'essayer, à condition d'être en couple. Toutes les musiques en passant par la world le groove. Entrée 100 F en semaine, 100 F vendredi et samedi avec une consommation. Le deuxième verre : 70 F.

## Le Bal, Élysée Montmartre

72, bd de Rochechouart, 75018 (C2)
☎ 01 42 52 76 84
M° Anvers
23h-5h un sam. sur deux.

Entre le bal popu et le disco, tout la danse, la musique de l'orchestre de l'Elysée Montmartre et les choix du DJ.

Un public mélangé, tous les âges, tous les styles, quarante ans de tubes. Patientez pour entrer, le bal est très couru. Entrée 80 F, consommation entre 25 et 40 F.

## Le Balajo

9, rue de Lappe, 75011
☎ 01 47 00 07 87
M° Bastille (D4)
Mer.-sam. 23h30-5h30 ;
après-midi rétro-musette sam. et dim. 15h-18h30
(entrée 50 F).

Style «passez la monnaie», le Balajo a fêté ses soixante ans en juin 96. Soirée Zazou-swing le mercredi, rock et Cuba le jeudi, rock et swing le vendredi et le samedi. Entrée 100 F avec consommation.

Ce guide a été établi par **Catherine Synave** avec la collaboration de Betty der Andreassian. Cette édition a été mise à jour par Frédérique Pélissier et Pétronille Danchin

aussi soigneusement qu'il ait été établi, ce guide n'est pas à l'abri des changements de dernière eure, des erreurs ou omissions. Ne manquez-pas de nous faire part de vos remarques. Informez-ous aussi de vos découvertes personnelles, nous accordons la plus grande importance au cour-er de nos lecteurs.

Guides *Un Grand Week-End*, Hachette Tourisme, 43 quai de Grenelle – 75905 Paris Cedex 15.

## Crédit Photographique

*Intérieur*

**Christian Sarramon** : pp. 2 (ht. c.), 3 (ht. g., c., b. g., b. d.), 8 (ht. d., c. g.), 9 (ht. d., c. g. arrière-plan, c. g. premier plan), 10 (ht. d.), 11 (ht. c., c. d., b.), 12 (c., b.), 13, 14, 15 (b. g.), 16 (ht. d., c. d., b.), 17, 18 (ht. d., c. d.), 19 (b. c.), 20, 21, 25 (ht. d.), 26 (c. g., c. d.), 27, 31, 32, 34 (c. d., b. g.), 35 (c. g., b. d.), 36 (c. d., b.), 37 (ht. c.c. d., b.), 38 (b. g., b. d.), 39, 40 (b. g.), 41, 42 (c. d.), 43 (c. b., b. d.), 44, 45 (ht. c., b. g. droits réservés, b. c.), 46, 47 (c. c., b. d.), 48, 49 (c. g., b. d.), 50 (b. g.), 51, 52, 53 (c. g., c. b., b. d.), 54 (c.), 55 (droits réservés), 56, 57, 58, 59 (ht. g., c., b. d.), 61, 62, 63, 64, 65 (h. c., c. d., b. d.), 68 (c. b., b. d.), 69, 71 (ht., c. d.), 77, 78 (ht. g., b. g., b. d.), 79 (c., b. c.), 85 (ht. d.), 86 (c.), 87 (c. b.), 89 (ht. d., c. premier et second plan), 93 (ht., c. d.), 94 (b. d.), 95 (c. d., b. g.), 96 (c. d.), 97 (c. d., b.), 103 (c. ht. d., c. b.), 104 (c. b., c. d.), 107, 108 (c., c. g.), 109 (ht. d.), 110, 111 (c. g., b. d.), 113 (ht. g., ht. c., b., g.), 114 (c. g., c. b.), 115 (ht. g., b. g.), 122 (c.), 124 (c. d.).

**Marc Michiels** : pp. 12 (ht.), 15 (ht.), 85 (c. g., b. d.), 112 (c., c. d., b.), 113 (c., b. d.), 114 (ht., b. d.), 115 (ht. c., c. d., b. d., b. c.).

**Peter Tebbitt** : pp. 11 (ht. d.), 33 (c. g.), 35 (c. g.), 36 (b. g.), 42 (ht., b. g. droits réservés), 50 (b. d.), 60 (b.), 65 (c. g.), 68 (c. g.).

**. Rozenbaum/F. Cirou, Photo Alto** : : pp. 8-9 (d.), 19 (c. g., c. d.), 34 (c. g.), 112 (ht. d.), 118.

**Pawel Wysocki** : 46 (c. g.)

**Laurent Parrault** : pp. 91 (c.), 93 (ht.), 94 (ht.).

**Éric Guillot** : p. 59 (ht. g.).

**Hachette** : pp. 10 (b.), 15 (b.), 18 (c. g.), 22 (c. d.), 26 (ht. d., b.), 35 (ht. d.), 38 (c. g.), 43 (c. g.), 109 (c.).

**Droits réservés** : pp. 33 (ht. g.), 42 (c. d.), 121 (ht. c., c. g.), 122 (ht.).

**© Orop (Le Procope)** : p. 16 (c. g.). **Lenôtre** : p. 18 (b.). **Fauchon** : pp. 19 (ht), 111 (ht. d.). **© Christian Lacroix** : pp. 22 (ht. g., b. c.), 23 (b. d.). **Christian Louboutin** : p. 23 (ht. d.). **Vuitton** : pp. 23 (c. d.), 25 (c. g.). **© Chanel/Mademoiselle Chanel par Hoyningen Huene 1935** : p. 24 (c. g.). **Pulforcat/© Arcadia** : p. 24 (c. d.). **Guerlain** : pp. 24 (ht. d.), 84 (ht.). **Hermès/© F. Dumas** : pp. 24 (b. d.), 37 (c. g.). **Prunier** : p. 34 (c.). **Bernardaud** : pp. 37 (c. c.), 100 (b.). **Anna Joliet** : p. 40 (c. d.). **Bonpoint** : pp. 45 (c. d.), 95 (b. g.). **Shu Uemura** : p. 47 (ht. g.). **Ch. Tortu** : p. 49 (ht. c.). **Le Vieux Campeur/© T.-J. Oremusz** : p. 53 (c. d.). **Café Beaubourg** : p. 54 (ht. d.). **Opéra Bastille** : p. 65 (c. g.). **Le Pavillon de la Reine** : p. 70 (c.). **Hôtel Caron de Beaumarchais** : p. 70 (c. d.). **Hôtel Saint-Dominique** : p. 71 (b. d.). **Hôtel Franklin Roosevelt** : p. 72. **Hôtel Galileo** : p. 73 (ht. g.). **Hôtel Tronchet** : p. 73 (b. g.). **Hôtel Pergolèse** : p. 73 (b. d.). **Le Grand Colbert** : p. 74 (c. g., b.). **Ambassade d'Auvergne** : p. 74 (c. d.). **Brasserie des Musées** : p. 76. **Lapérouse** : p. 78 (ht. d.). **Lucas-Carton** : p. 79 (c. g.). **La Closerie des Lilas/© Phototypie l'Abeille** : p. 79 (ht., c. d.). **Fermette Marbeuf/© H. Boutet** : p. 79 (b. d.). **Benneton** : p. 84 (b. c.). **Poilâne** : p. 84 (c. d.). **Androuët** : p. 85 (ht. g.). **Lolita Lempicka/© F. Dumoulin** : pp. 86 (ht. d.), 87 (ht. g.). **GAP/© G. Matoso** : p. 86 (c. d.). **Schinichiro Arakawa** : p. 86 (b. g.). **Martin Grant** : p. 87 (c. d.). **Doria Salambo** : p. 87 (b. d.). **Axes et Loisirs** : p. 88 (c. b.), 108 (b.). **Bain Plus** : p. 92 (c. d., b.). **Atomica/© J. L Cagnin** : p. 91 (ht. c.). **La Cerise sur le Gâteau** : p. 94 (c. g.). **Croissant Japy** : p. 98 (b.). **Bodum/© J. Polony** : p. 98 (ht. c.). **A la mine d'argent** : p. 99 (ht.). **La Tisanière** : p. 99 (c. g.). **La Maison Ivre** : p. 101 (ht. g.). **Taïr Mercier** : p. 101 (c. d.). **Paris-Musées** : p. 101 (c., b.). **Artistes et Modèles** : p. 102 (ht., b.). **Michèle Wilson** : p. 102 (c.). **Axis/© V. Grenuillet** : p. 103 (b. g.). **C.F.O.C.** : p. 104 (c. g.). **Galerie Urubamba** : p. 105. **Matins Bleus** : p. 106 (ht., c.). **Surcouf** : p. 109 (b. g.). **Olsen Bornholm** : p. 111 (c., b.). **Bateaux parisiens** : p. 119 (ht.). **© Nicolas Borel** : p. 119 (ht. d.). **Salle Pleyel** : p. 119 (b.). **© Florian Kleinefenn/Sipa Press** : p. 120 (ht.). **Le Bar de la Villa/© P. Bogner** : p. 120 (c.). **Flèche d'Or Café** : p. 121 (b. d.). **Lido** : p. 123. **Au Pied de Cochon** : p. 124 (c. g.). **Le Queen** : p. 124 (c. ht.).

*Couverture*

**Ch. Sarramon** : ht. g. ; c. c. ; c. d. ; b. g. ; b. d. **M. Michiels** : ht. d. ; c. g. **Image Bank / David de Lossy** : c. d. premier plan. **Pix / Ling Bill** : ht. premier plan. **Fotogram-Stone / Chris Craymer** : b. premier plan

*Quatrième de couverture :*
**Ch. Sarramon** : ht. d. ; b. g. **M. Michiels** : c. d. **Droits Réservés** : c. g..

## Illustrations
Pascal Garnier

**Régie exclusive de publicité :** Hachette Tourisme – 43, Quai de Grenelle – 75905 Paris Cedex 15. Contact Dana Lichiardopol : ☎ 01 43 92 37 94. Le contenu des annonces publicitaires insérées dans ce guide n'engage en rien la responsabilité de l'éditeur.

© Hachette Livre (Hachette Tourisme), **1997**

Imprimé en Italie par Vincenzo Bona

Dépôt Légal : 2672 – Janvier 1999 – Collection N°44 – Edition ; 01
ISBN : 2.01.242875-4 – 24/2875/3

**S**i votre séjour se pro-
longe et si vous souhai-
tez essayer de nouveaux
établissements, vous trouverez dans les pages qui suivent un grand choix
d'adresses d'hôtels et de restaurants, classés par quartier
et par prix.
Si vous pouvez vous présenter directement à la porte
d'un restaurant pour y
prendre un repas (sauf pour
les établissements les plus
luxueux), n'oubliez pas de
réserver votre chambre d'hôtel plusieurs jours à l'avance
(voir p. 66). Bon séjour !

UN WEEK-END...
PLUS LONG

...propo-
...une liste
...ssés par
...ments et
...és pour leur
...qualité-prix et
...sation. Les
...iqués corres-
...nt à une
...bre double avec
...de bains ou
...che et W.C. privés.
...sont donnés à titre
...dicatif et peuvent
...tre modifiés à tout
moment. Sauf mention
contraire, les parkings
cités ne dépendent
pas des hôtels, et sont
donc payants. De
même, le petit déjeu-
ner et la taxe de
séjour ne sont pas
compris : il vous fau-
dra compter de 30 à
50 F en plus par jour.
Pour toute information
complémentaire sur
l'hébergement à Paris,
vous pouvez vous
reporter au chapitre
Séjourner (voir p. 66).

## 1er arrondissement

**Hôtel Louvre-Forum **
25, rue de Bouloi
☎ 01 42 36 54 19
🖷 01 42 33 66 31
M° Palais Royal-Musée
du Louvre
400-540 F
*À deux pas des jardins du Palais
Royal, du Musée du Louvre et du
Forum des Halles, cet hôtel, très
bien desservi par les transports
en commun jouit d'une localisation centrale. Sont à votre disposition deux salons et un bar privé.
Le petit-déjeuner est servi sous
les voûtes d'une ancienne cave.
Les 27 chambres sont équipées
de mini-bars. Parking à proximité.*

**Hôtel des Victoires ***
19, rue Hérold
☎ 01 42 36 04 02
🖷 01 45 08 14 09
M°Louvre-Rivoli ou
Les Halles
580-620 F.
*Une situation tranquille et un ser-
vice personnalisé pour cet hôtel
de 29 chambres. À proximité de
l'Hôtel des Victoires, du Louvre,
du Palais Royal et du quartier des*

Halles. En été, vous pourrez profiter de la terrasse.

## 2e arrondissement

**Hôtel François**
3, bd Montmartre
☎ 01 42 33 51 53
🖷 01 40 26 29 90
M° Rue Montmartre
990-1650 F.
*Pour un séjour shopping à Paris,
voilà l'établissement idéal : les
grands magasins du boulevard
Haussmann (le Printemps, les
Galeries Lafayette, Marks et
Spencer...) sont à quelques
minutes à pied.*

## 3e arrondissement

**Hôtel Paris France ***
72, rue de Tubirgo
☎ 01 42 78 00 04 et
01 42 78 64 92
🖷 01 42 71 99 43
M° République
450 F.
*Entièrement rénové en 1998, cet
hôtel comporte 46 chambres
équipées de coffre-fort. Situé en
plein cœur du Marais, non loin du
centre Beaubourg, il est à deux
pas de la station de métro
République qui permet de sillon-
ner Paris en un clin d'œil.*

## 5e arrondissement

**Hôtel d'Alba ***
1, rue de la Harpe
☎ 01 46 34 09 70
🖷 01 40 46 85 70
M° Saint-Michel ou Cluny
670-825 F.
*Une situation idéale (Notre-Dame,
les quais de la Seine, le Louvre...)
pour cet hôtel au cœur du quartier Latin. 45 chambres récemment rénovées vous attendent.*

## 6e arrondissement

**Hôtel Delhy's ***
22, rue de l'Hirondelle
☎ 01 43 26 58 25
🖷 01 43 26 51 06
M° Saint-Michel
290-380 F.
*Depuis cet hôtel, on peut flâner à
pied dans le quartier Latin, jusqu'à Notre-Dame, au Louvre et
au Musée d'Orsay. Le métro
Saint-Michel et le RER tout
proches vous emmènent rapidement vers d'autres quartiers de
Paris. Cet hôtel propose 21
chambres, et un service de quali-*

té dans une ambiance familiale.

**Grand Hôtel des
Balcons ***
3, rue Casimir Delavigne
☎ 01 46 34 78 50
🖷 01 46 34 06 27
M° Odéon ou
Luxembourg
495-530 F.
*Dans une petite rue calme entre
l'Odéon et les boulevards Saint-
Michel et Saint-Germain, cet
hôtel a conservé un style Art
Nouveau, avec vitraux et boiseries 1900 qui font tout son charme. Deux autres agréments : une
salle de réunion pour 16 personnes est mise à votre disposition et le petit-déjeuner buffet
vous est offert le jour de votre
anniversaire. Très bon rapport
qualité-prix.*

## 7e arrondissement

**Grand Hôtel Lévêque *
(luxe)**
29, rue Cler
☎ 01 47 05 49 15
🖷 01 45 50 49 36
M° École Militaire ou
la Tour Maubourg
380-400 F.
*Le concept est original : voici un
hôtel une étoile luxe, avec des
prix correspondant à ceux d'une
première catégorie, mais avec un
service et des prestations dignes
d'un trois étoiles. Des chambres
récemment rénovées, un distribu-
teur de boissons dans le salon, et
une localisation idéale : l'hôtel
donne sur une rue piétonne animée par un marché typiquement
parisien, à deux pas de la Tour
Eiffel et des Champs-Élysées.*

**Hôtel de Nevers ***
83, rue du Bac
☎ 01 45 44 61 30
🖷 01 42 22 29 47
M° Rue du Bac
470-530 F.
*Cet hôtel est situé dans un
immeuble rénové du XVIIIe siècle,
en plein cœur du quartier de
Saint-Germain-des-Prés, avec
ses restaurants, ses antiquaires
et ses boutiques de mode.
Parkings à proximité. Métro
direct pour le parc des expositions de la porte de Versailles.*

## 8e arrondissement

**Hôtel Marigny ***

11, rue de l'Arcade
☎ 01 42 66 42 71
📠 01 47 42 06 76
M° Madeleine
510 F.
*Laissez votre voiture dans un des deux parkings à proximité de l'hôtel, et découvrez le charme d'une promenade dans le quartier de la Madeleine, qui vous mènera à l'Opéra, aux Grands Magasins, à la rue Royale et à la place de la Concorde. Cet hôtel possède 32 chambres équipées de mini-bars et met à votre disposition son salon de détente.*

### 9e arrondissement

**Hôtel Monnier**\*\*
14, rue Henry-Monnier
☎ 01 42 85 37 19
📠 01 42 85 24 73
M° Saint-Georges
360 F, petit-déjeuner compris.
*Situé dans un quartier résidentiel calme, à deux pas du Sacré Cœur et à proximité de plusieurs lignes de métro desservant les grands sites touristiques parisiens, cet hôtel saura vous séduire.*

### 12e arrondissement

**Lux-Hôtel** \*\*
8, av. de Corbéra
☎ 01 43 43 42 84
📠 01 43 43 14 45
M° Gare de Lyon
300-350 F.
*L'Opéra Bastille, le jardin des Plantes, les bars branchés de la rue de Lappe : vous pourrez tout faire à pied. Un accueil sympathique et des prestations de qualité pour un prix mini.*

**Hôtel Aurore**
13, rue Traversière
☎ 01 43 43 54 12
📠 01 43 43 53 20
M° Gare de Lyon
490-510 F.
*Des prestations de qualité pour un hôtel entièrement rénové. 30 chambres avec TV câblée, sèche-cheveux, réveil automatique… et une agréable salle de petit déjeuner avec des murs en pierres apparentes.*

### 14e arrondissement

**Hôtel Celtic**\*
15, rue d'Odessa
☎ 01 43 20 93 53 ou
01 43 20 83 91
📠 01 43 20 66 07
M° Montparnasse ou Edgar Quinet
280-300 F.
*Cet hôtel au confort moderne jouit d'une situation centrale derrière la gare Montparnasse, dans un quartier animé par de nombreux restaurants et cinémas. Parking à proximité.*

**Hôtel Delambre**\*\*\*
35, rue Delambre
☎ 01 43 20 66 31
📠 01 45 38 91 76
M° Montparnasse, Vavin ou Edgar Quinet
460-550 F.
*En plein cœur de Montparnasse, à mi-chemin entre Saint-Germain-des-Prés et le parc des expositions de la porte de Versailles, vous trouverez ici des chambres calmes de conception moderne et un buffet en guise de petit-déjeuner. Le soir, allez faire un tour au jardin du Luxembourg, à deux pas.*

### 15e arrondissement

**Hôtel Alizé-Grenelle**\*\*\*
87, av. Émile-Zola
☎ 01 45 78 08 22
📠 01 40 59 03 06
M° Charles-Michels
430-530 F.
*Un hôtel moderne, au cœur du quartier d'affaires de Beaugrenelle, près de la Tour Eiffel et du parc des expositions de la porte de Versailles. Sont mis à votre disposition des presse-pantalons et des mini-bars dans les 50 chambres, ainsi qu'un salon de détente et un salon pour séminaires (15 à 20 personnes). Le petit-déjeuner est servi dans la salle à manger ou dans votre chambre. Parking à proximité.*

**Hôtel Beaugrenelle Saint-Charles**\*\*
82, rue Saint-Charles
☎ 01 45 78 61 63
📠 01 45 79 04 38
M° Charles-Michels
420-520 F.
*L'hôtel propose 51 chambres équipées de presse-pantalons et de mini-bars. Conçu pour recevoir aussi bien des particuliers que des séminaires (jusqu'à 20 personnes), il vous offre le char-*

HÔTELS

...un jardin paysager privé et
...localisation au cœur d'un
...re d'affaires et à proximité de
...ur Eiffel, du Trocadéro et du
...s de Boulogne.

## 16e arrondissement

**Au Palais de Chaillot**
35, av. Raymond-Poincaré
☎ 01 53 70 09 09
📠 01 53 70 09 08
M° Trocadéro ou
Victor Hugo
530-590 F.
*Depuis cet hôtel, vous pouvez
vous rendre à pied à la Tour
Eiffel, à l'Arc de Triomphe et sur
les Champs-Élysées, et, grâce
aux stations de métro Trocadéro
et Victor Hugo vous rejoindrez
rapidement le cœur de Paris.
À proximité également, les
centres d'affaires du Palais des
Congrès, de la Défense et du
Cnit. Les chambres sont équipées de prise pour ordinateur et
un service blanchisserie est à
votre disposition.*

## 18e arrondissement

**Hôtel Montmartrois**
6 bis, rue du Chevalier-
de-la-Barre
☎ 01 53 41 84 40 ou
01 42 54 86 90
📠 01 42 57 02 33
M° Jules Joffrin ou
Château Rouge
300 F.
*Perché en haut de la butte
Montmartre, derrière le Sacré
Cœur, dans une petite rue pitto-
resque, cet hôtel comporte 95
chambres et appartements et
met à votre disposition une cuisine équipée ou une kitchenette de
même qu'un salon pour séminaires pouvant accueillir de 20 à
30 personnes. Possibilité de parking.*

**Hôtel Regyn's
Montmartre**
18, pl. des Abbesses
☎ 01 42 54 45 21
📠 01 42 23 76 69
M° Abbesses
445 F.
*22 chambres récemment réno-
vées, avec radio et coffre-fort.
Au cœur de Montmartre, vous
flânerez avec plaisir dans ce
quartier d'artistes aux rues pleine
de charme. Pour un supplément
de 10 F par personne, on peut*

obtenir une chambre dotée d'une
vue panoramique sur Paris.
Parking à proximité (100 F / 24h).

## 19e arrondissement

**Hôtel du Parc des
Buttes Chaumont**
1, pl. Armand-Carrel
☎ 01 42 08 08 37
📠 01 42 45 66 91
M° Laumière
460-500 F.
*Un cadre nature pour un hôtel
proche de la Cité de la Villette.
Ses 45 chambres donnent sur le
Parc des Buttes Chaumont ou
sur un jardin intérieur. Vous pouvez bénéficier d'un parking privé
(45 F la nuit ou 75 F / 24 heures),
du petit-déjeuner buffet gourmand, et, dans le salon, des jeux
de société et du billard. L'hôtel
loue ses salons pour des récep-
tions, des séminaires et des
cocktails.*

## 20e arrondissement

**Palma**
77, av. Gambetta
☎ 01 46 36 13 65
📠 01 46 36 03 27
M° Gambetta
370-425 F.
*Récemment rénové, cet hôtel
propose 32 chambres claires et
insonorisées équipées de télévisions qui captent des programmes en anglais, allemand,
italien, espagnol et arabe. Le
petit-déjeuner vous est servi dans
le salon ou dans votre chambre.
Très bonne situation du point de
vue des transports en commun.
Parking en face de l'hôtel.*

# HÔTELS

...ance est le pays ... gastronomie ... est le carre- ...des cuisines du ...de. Nous vous pro- ...ons ici une liste ...restaurants, avec ... bonnes adresses ...ur goûter toutes ...s cuisines : chinoise, ...aponaise, indienne... ...et bien entendu fran- ...çaise. Tous les styles sont rassemblés : du traiteur express pour un déjeuner sur le pouce, au restaurant de luxe pour un dîner en tête à tête, en passant par le bistrot sympa ou vous irez bruncher le dimanche.

# CUISINES DU MONDE

## IRLANDAIS

**Carr's**
1, rue du Mont Thabor
☎ 01 42 60 60 26
Mº Tuileries
Ouv. le soir.
Menus 70-145 F et carte.
*Dans ce restaurant inutile de commander un vin bien de chez nous, on ne sert que de la bière, et irlandaise, encore. Des groupes... irlandais animent les soirées du vendredi et du samedi. Une halte dépaysante après une promenade au Jardin des Tuileries.*

## ESPAGNOL

**Les Caves St-Gilles**
4, rue St-Gilles
☎ 01 48 87 22 62
Mº Chemin Vert
Ouv. t. l. j. sf 25 déc. et 1er jan. de 8h à 1h30
80-120 F à la carte.
*On se croirait dans une auberge espagnole : assiettes de tapas chaudes et froides, décor et moustaches du patron, tous les ingrédients d'une bonne soirée espagnole sont réunis. La salle, petite, est souvent pleine : pensez à réserver.*

## GREC

**Zorba**
14, rue Grégoire de Tours
☎ 01 43 25 26 66
Mº Odéon, Mabillon
Ouv. t. l. j. à midi et le soir jusqu'à 2h
Menus 70-125 F.
*On déguste des spécialités grecques sous le regard d'Anthony Queen dans le rôle de Zorba. Les soirées sont animées par un groupe de musiciens et de danseurs.*

## JAPONAIS

**Kiotori**
61, rue Monsieur le Prince
☎ 01 43 54 48 44
Mº Luxembourg
Ouv. t. l. j. midi et soir
Menus de 35 à 100 F.
*La carte décline toute une gamme d'assiettes de poisson cru et de brochettes de viande. Le cadre, la cuisine et les prix très raisonnables de ce restaurant japonais à deux pas du jardin du Luxembourg en font une halte sympathique après une visite du quartier Latin.*

## TIBÉTAIN

**Le Singe d'eau**
28, rue de Moscou
☎ 01 43 87 72 73
Mº Rome
Ouv. lun.-sam. à midi et le soir. F. août
Menus 65-100 F.
*Un restaurant ouvert l'année dite du Singe d'eau selon le calendrier chinois. La cuisine tibétaine est à l'honneur : goûtez le lassi à la violette, et accompagnez votre repas d'une curiosité, le thé épicé.*

## MEXICAIN

**Taco Loco**
116, rue Amelot
☎ 01 43 57 90 24
Mº Oberkampf ou Filles du Calvaire
Ouv. t. l. j. midi et soir sf dim. et lun. midi

40- 50 F à la carte.
*Le décor, le chef, le personnel, les plats, tout est mexicain, mais teinté d'une touche d'originalité qui place ce restaurant au-dessus du mexicain habituel.*

## ASIATIQUE

**New Nioulaville**
32, rue de l'Orillon
☎ 01 40 21 96 18
Mº Belleville
Ouv. t. l. j. midi et soir
Carte 20-80 F.
*Un serveur passe devant votre table avec un plateau et vous vous servez tout simplement. Spécialités de tout le continent asiatique.*

## ESPAGNOL

**La Feria**
25, rue Montgallet
☎ 01 43 41 15 72
Mº Montgallet
Ouv. t. l. j. midi et soir
Menus 69-138 F.
*À peine entré, on est plongé dans une ambiance espagnole : tableaux de ferias aux murs, jambons crus qui pendent au plafond, et, dans votre assiette, tapas chauds et froids.*

## MAROCAIN

**Au Petit Cahoua**
39, bd St-Marcel
☎ 01 47 07 24 42
Mº St-Marcel
Ouv. t. l. j. midi et soir sf sam. midi
Compter 165 F.
*On croit entrer sous une tente berbère, et non dans un restaurant. Dans la salle décorée de poteries et de lampes en peau tendue, goûtez la spécialité du chef, le tagine d'agneau aux poires et miel d'accacia. Un délice.*

## CHINOIS

**Sinorama**
135, av. de Choisy
☎ 01 44 24 27 81
Mº Tolbiac ou Place d'Italie
Ouv. le soir jusqu'à 2h du matin

40-90 F à la carte.
*En plein cœur du quartier asiatique du 13e arrondissement, après un petit tour chez Tang Frères, vous goûterez ici à des plats comme on les cuisine en Chine, d'où une clientèle essentiellement chinoise. Ne manquez pas les poissons cuits à la vapeur et le superbe canard laqué.*

## 14e arrondissement

# GREC

### Télémaque
15, rue Roger
☎ 01 43 20 66 38
M° Denfert-Rochereau ou Raspail
Ouv. du lun. au sam. midi et soir, dim. sur réservation
F. en août
60-115 F menu tout compris à midi en semaine, 55-95 F à la carte.
*Ce restaurant est tenu par un couple de Grecs. À la carte, la fameuse fricassée (agneau et salade romaine), plat traditionnel grec que l'on sert pour la fête de Pâques, et de nombreuses autres spécialités, comme les feuilles de vigne, les beignets de courgette et le porcelet au four. Les pâtisseries sont faites maison. La pièce du fond est strictement réservée aux non-fumeurs.*

## 17e arrondissement

# INDIEN

### Gangotri
18, rue Lemercier
☎ 01 44 70 04 61
M° Place de Clichy
Ouv. t. l. j. midi et soir sf lun. midi
Menus 45-99 F, carte moins de 100 F.
*Le chef, originaire du Nord de l'Inde, vous concocte ses spécialités Tandoori et Curry, que vous pouvez déguster accompagnées de bière et de vin Indiens, ou encore de thé à la mangue ou à la rose. Également des plats à emporter.*

## 18e arrondissement

# INDIEN

### Chez Sonia
8, rue Letort

01 42 57 23 17
M° Jules Joffrin
Ouv. t. l. j. 12h-14h et 19h30-23h, f. dim. midi
Env. 100 F.
*Goûtez, en entrée, les crevettes Pakora ou le poulet Tikka, continuez avec la spécialité de la maison, le poulet Sonia, accompagné d'un cheese nan. Oubliez les vins, et prenez plutôt un thé ou une bière indienne.*

# CUISINE FRANÇAISE

## 1e arrondissement

### Café Véry
Jardin des Tuileries
☎ 01 47 03 94 84
M° Concorde, Tuileries
Ouv. t. l. j. de 12h à 23h
100-120 F à la carte.
*Au milieu d'une promenade au Jardin des Tuileries, on peut faire une halte agréable dans ce café qui sert une cuisine signée Dame Tartine. Le chef sait allier sucré et salé pour le plus grand plaisir du palais : saumon sauce coco, poulet-miel-raisin ou encore saumon au concombre et à la menthe. Les beaux jours, on ouvre les portes vitrées du café pour mieux profiter du soleil et du site.*

## 2e arrondissement

### Le Tire-Bouchon
22, rue Tiquetonne
☎ 01 42 21 95 51
M° Étienne Marcel
Ouv. t. l. j.
120 F à la carte.
*La carte varie chaque jour en fonction de l'arrivage du marché. Ancien bistrot parisien, décoré de fresques à l'ancienne, on déguste des plats plutôt inspirés de la cuisine lyonnaise.*

## 5e arrondissement

### Trois A
14, rue Linné
☎ 01 55 43 92 18
M° Jussieu
Ouv. lun.-jeu. 11h-15h, 18h-20h, ven. 11h-15h, sam. 11h-14h
15-30 F
*Déjeuner sur le pouce à bon rapport qualité/quantité/prix est chose rare dans le Quartier Latin. Ici, la vitrine est étroite, mais les sandwiches, à l'intérieur, sont*

RESTOS

géants. Gros appétits, essayez un maxi-sandwiche, de la taille d'une vraie demi-baguette, et, casse-croûte sous le bras, allez vous chercher un banc au soleil au Jardin des Plantes situé à deux pas.

## Chantairelle
17, rue Laplace
☎ 01 46 33 18 59
M° Cardinal Lemoine
T. l. j. sf sam. midi et dim., ouv. le dim. en été.
Menu et carte 80-150 F
Carte des eaux d'Auvergne.
*En haut de la Montagne Sainte-Geneviève, au cœur du Quartier Latin, on est plongé dans l'ambiance des volcans et des sources d'Auvergne. Dans la grande salle aérée ou dans le jardin intérieur paisible, on peut déguster un millard aux myrtilles, une truffade et autres spécialités au son des cloches, des grillons et des cascades. Ne pas manquer la carte des eaux d'Auvergne.*

## La Fourmi ailée
8, rue du Fouarre
☎ 01 43 29 40 99
M° Saint-Michel
Ouv. t. l. j. de 12h à minuit
Env. 150 F, vin compris.
*Au pied de Notre-Dame, on vous accueille ici avec chaleur. Si vous souhaitez être tranquilles, grimpez sur la mezzanine. Vos amis sont en retard ? vous patienterez en feuilletant un des nombreux livres qui couvrent les murs. Côté cuisine, des plats simples et copieux.*

## Le Six Huit
Quai Montebello
M° St-Michel
☎ 01 43 80 74 54
☎ 01 40 51 72 09
Ouv. le soir sf dim. et lun. d'oct. à fin mars
200 F à la carte, vin compris.
*Pour dîner sur une péniche face à Notre-Dame... Le pont supérieur est chauffé, mais les très frileux goûteront leur gambas flambées au Porto ou leur palourde sautée à l'ail, coriandre et citron dans la salle style Art déco du pont inférieur.*

## La Brouette et la Chandelle
41, rue Descartes
☎ 01 43 25 41 10
M° Cardinal Lemoine
Ouv. t. l. j. 18h-23h30
Menus 76-136 F. Pierrade ou raclette 99 F
*Soirée autour d'une raclette ou d'une pierrade... Fromage, viande, frites et salade à volonté.*

### 6e arrondissement

## Le Six Huit
Quai Malaquais, face au Louvre
☎ 01 43 80 74 54
M° St-Germain des Prés
☎ 01 40 51 72 09
Ouv. t. l. j. midi et soir d'avr. à fin sept.
200 F à la carte, vin compris.
*Le Six Huit, c'est une mesure musicale en jazz et si la péniche tangue un peu, ce sont surtout les groupes (jazz, blues, pop, salsa...) et la cuisine méditerranéenne de Lou qui vous feront chavirer.*

### 7e arrondissement

## Clémentine
62, av. Bosquet
☎ 01 45 51 41 16
M° École Militaire
Ouv. t. l. j. sf sam. midi et dim.
90 F à la carte.
*Bistrot chic traditionnel, décoré d'affiches de pub anciennes et de photos de Doisneau.*

## La Fontaine de Mars
129, rue St-Dominique
☎ 01 47 05 46 44
M° École Militaire ou Tour Maubourg
Ouv. t. l. j. midi et soir
Carte 70-120 F.
*À deux pas de la Tour Eiffel et du Champ de Mars, des spécialités du Sud-Ouest, confit de canard gersois et magret rôti au miel. Depuis la salle, confortable, ou à l'étage, vue sur la rafraîchissante sur la Fontaine de Mars.*

### 8e arrondissement

## Le Bec Rouge
33, rue de Constantinople
☎ 01 45 22 15 02
M° Villiers
Menu et carte 120-160 F,

vin compris.
*Pour les inconditionnels de la vraie choucroute alsacienne et de l'ambiance de Bierstube, c'est la halte obligée dans ce quartier plutôt résidentiel aux grands immeubles haussmanniens, entre une promenade au Parc Monceau et une après-midi shopping dans les grands magasins du boulevard Haussmann.*

### 9e arrondissement

## La Poste
22, rue de Douai
☎ 01 45 26 50 00
M° Blanche
Ouv. tous les soirs à partir de 20h
Env. 200 F.
*Ce restaurant « kitsch » à deux pas de Pigalle est l'endroit rêvé pour un dîner aux chandelles. Velours rouge, angelots et dorures forment un décor cosy, idéal pour une soirée d'hiver.*

## La Papaye bleue
89, rue Lafayette
☎ 01 53 20 06 90
M° Poissonnière
Ouv. t. l. j. 11h-22h
Menu 69 F, cocktail et dessert compris.
*Avant de penser au contenu de votre assiette, admirez les tables en bois peint : sous une plaque de verre, des natures mortes faites de coquillages, de pâtes, de perles et de sable. Dans ce décor exotique, goûtez la salade Saum-tom (saumon fumé sur blinis tiède, avec avocat, cœur de palmier), et offrez-vous offrir un cocktail ou un milk-shake : sous vos yeux, le barman choisit ses fruits, ananas, mangues, kiwis, passions, et les prépare avec une dextérité qui met l'eau à la bouche. Fraîcheur garantie.*

### 10e arrondissement

## Chez Papa
206, rue Lafayette
☎ 01 42 09 53 87
M° Louis Blanc
Ouv. t. l. j. midi et soir
Menu 50 F, carte en dessous de 100 F.
*Dans une ambiance familiale et décontractée, Chez Papa vous propose des spécialités du Sud-Ouest, cassoulets, escargots à toutes les sauces, salades généreuses et variations autour du*

canard pour des prix tout à fait raisonnables.

## 11e arrondissement

### L'Estaminet
116, rue Oberkampf
☎ 01 43 57 34 29
M° Ménilmontant ou Parmentier
Ouv. t. l. j. 7h30-2h.
55-78 F à la carte.
*Dans ce bar-restaurant aveyronnais, combien de spécialités à ne pas manquer : en apéritif, le Pelou, kirsch aux châtaignes, puis les tartares de saumon et de bœuf découpés au couteau, l'escalope aveyronnaise, sans parler de la Salade Estaminet, garnie de tomates, foie de volaille, chèvre chaud, fromages, pommes de terre sautées... et servie dans un saladier ! Seule ombre au tableau, l'attente parfois un peu longue, succès oblige.*

### Le Villaret
13, rue Ternaux
☎ 01 43 57 89 76
M° Parmentier
Ouv. le soir sf le dim.
170 F à la carte.
*La carte varie tous les jours en fonction des arrivages du marché. Sachez aussi apprécier le décor du restaurant, ses murs en pierre et ses poutres apparentes.*

## 13e arrondissement

### L'Olivier
18, rue des Wallons
☎ 01 43 31 36 04
M° St-Marcel
Ouv. t. l. j. sf dim.
Menu 90 F, 115 F les soirs de concert.
*Du mercredi au samedi, les soirées sont animées par de jeunes artistes, pianistes et violonistes, qui vous jouent une sérénade de musique classique à quelques mètres de vous. Avis aux gourmands, le gérant du restaurant est Grand Prix de Paris pour les desserts.*

### Café Gladines
30, rue des Cinq-Diamants
☎ 01 45 80 70 10
M° Corvisart
Ouv. t. l. j. 9h-2h.
Menu à midi 60 F. Carte 35-80 F.
*On y mange des salades complètes, des magrets, confits et autres spécialités du Sud-Ouest dans un décor basque.*

### La Virgule
9, rue Véronèse
☎ 01 43 37 01 14
M° Place d'Italie
Ouv. t. l. j. midi et soir sf dim. midi
Menu et carte 60-200 F.
*Bonne cuisine française, copieuse et imaginative, et tenue par des Asiatiques !*

### La Guinguette Pirate
Quai de la Gare
☎ 01 44 24 89 89
M° Quai de la Gare
Ouv. mar.-dim. 20h30-24h
Carte 65-80 F.
*La péniche, amarrée au pied de la Très Grande Bibliothèque, face au complexe de Bercy, a conservé son allure de guinguette. On s'attable sur le pont supérieur, tout en bois, ou dans la salle intérieure, devant une assiette de fromage, une pâtisserie ou un vrai plat. Les soirées, à partir de 21h30, sont consacrées à des concerts, généralement de reggae et de rock. Conteurs et marionnettes viennent égayer les enfants les mercredis et samedis à 15h30.*

## 15e arrondissement

### Bermuda Onion
16, rue Linois
01 45 75 11 11
M° Charles-Michels
Tous les soirs et dimanche midi
Env. 100-150 F.
*La vue sur la Seine est superbe, la déco originale et le menu varié. Admirez, dans l'entrée, le clin d'œil au film Basic Instinct.*

### Le Brasier
58, rue Olivier de Serres
☎ 01 45 31 25 66
M° Convention ou Porte de Versailles
Ouv. t. l. j. midi et soir
50-100 F.
*On s'attable autour d'un grill, et chacun d'y faire cuire à sa façon ses brochettes, viandes et fromages.*

## 16e arrondissement

### Flo Prestige
61, av. de la Grande

RESTOS

...0 12 10
... de 9h30 à 23h
... à la carte.
*...ant, mais chez soi. S'il*
*...d envie de déguster un*
*...à domicile, faites-vous*
*...ar ce traiteur des petits*
*...mitonnés. Les portions sont*
*...es pour une à six per-*
*...nes. Plats du jour ou idées*
*...ek-end, la carte est fixée au*
*...but de chaque quinzaine, vins*
*...et desserts étant également dis-*
*ponibles. Compter de 100 à*
*130 F pour une livraison sur*
*Paris. Les plats peuvent être*
*choisis directement à la boutique.*

## 17e arrondissement

### Chez Tof
117, rue des Dames
☎ 01 43 87 63 08
Ouv. du lun. au sam. Pas
de restauration sam. midi
Menus 65-89 F.
*Établissement tenu par un patron*
*peu ordinaire, jovial et*
*accueillant, et fier de ses spéciali-*
*tés du Sud-Ouest : foie gras,*
*confits, grillades, cassoulets mai-*
*son le vendredi et samedi... Les*
*salades géantes sont de véri-*
*tables défis, servies dans un sala-*
*dier individuel. La tradition veut*
*que quiconque ne finit pas son*
*plat offre un coup au patron (il*
*est indulgent pour les femmes) et*
*que les gros appétits obtiennent*
*du supplément gratuitement et*
*prestement. Excellent rapport*
*prix/quantité/succulence/bonne*
*humeur.*

## 18e arrondissement

### Sortie de Secours
32 bis, rue des Trois Frères
☎ 01 42 57 27 66
M° Abbesses
Ouv. t. l. j. sf lun.
30 F l'assiette.
*Un tout petit restaurant de tapas*
*où vous serez toujours accueilli*
*avec le sourire.*

### Le Kokolion
62, rue d'Orsel
☎ 01 42 58 24 41
M° Abbesses
Ouv. le soir, service jus-
qu'à 1h du matin
Menus 89-139 F, 80 F à la
carte.
*Restaurant situé à proximité du*
*Théâtre de l'Atelier. Chèvres*

*chauds, canard au miel et gâteau*
*au chocolat vous attendent jus-*
*qu'à 1 heure du matin.*

### La Pomponnette
42, rue Lepic
☎ 01 46 06 08 36
M° Abbesses, Blanche
Ouv. t. l. j. midi et soir sf
lun. midi et dim.
Menus 100-175 F, vins
compris. Carte 200-220 F.
*Créé au début du siècle, ce res-*
*taurant a été conservé en état*
*par les descendants des fonda-*
*teurs : au mur, les tableaux d'ar-*
*tistes de l'époque, qu'ils lais-*
*saient pour régler leur note.*
*Bonne cuisine française (tête de*
*veau, haricot de mouton), appré-*
*ciée par les gens du quartier*
*comme par les touristes.*

## 19e arrondissement

### Le Brasier
101, av. Jean-Jaurès
☎ 01 42 00 10 98
M° Laumière
Ouv. t. l. j. midi et soir
50-100 F.
*Chacun est son propre chef : on*
*cuit sa raclette ou sa braserade à*
*même un grill posé au centre de*
*la table.*

## 20e arrondissement

### La Mère Lachaise
78 bd Ménilmontant
☎ 01 47 97 61 60
M° Père-Lachaise ou
Ménilmontant
Ouv. t. l. j. de 8h à 2h.
*Un endroit simple et agréable,*
*ambiance herbier, vieux meubles*
*et lampes d'usine. Soir et midi,*
*des assiettes copieuses qui ne*
*vous ruineront pas. Si vous sou-*
*haitez bruncher le dimanche, la*
*formule à 85 F est idéale. En été,*
*sympathique terrasse.*

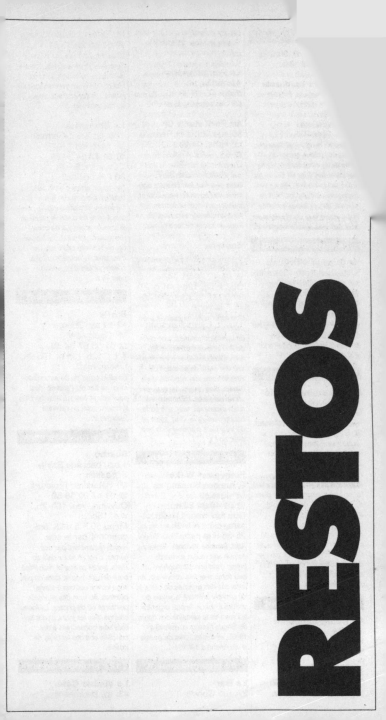

RESTOS

... des Halles
...uillière
...les
...36 93 89
...-ven. 8h-22h,
...n-17h. F. sam.
...dim.
...assiette.
... est fait maison. Les
...ns de ce bar à vin vont choi-
...urs vins chez les produc-
...rs, ils les ramènent dans des
...ts de chêne pour les mettre en
...bouteille eux-mêmes. En accom-
pagnement de ces vins haut de
gamme, de copieuses assiettes
de charcuterie et de fromages, et
pour finir, des pâtisseries maison.

## 2e arrondissement

### La Grappe d'Orgueil
5, rue des Petits Carreaux
M° Sentier, Les Halles
☎ 01 40 13 00 17
Ouv. midi et soir sf lun.
Assiettes 50 F.
*Vieux bistrot des années 30, garni
de miroirs, animé un soir par
semaine par des musiques d'ici
et d'ailleurs.*

## 3e arrondissement

### L'Apparemment Café
18, rue Coutures St-
Gervais
M° St-Sébastien-Froissart
☎ 01 48 87 12 22
Ouv. lun.-ven. 12h-2h,
sam. 16h-2h, dim. 12h-
24h
Assiettes 48-75 F.
*Apparemment un café, c'est plu-
tôt un appartement... Calés dans
des canapés, ou des fauteuils,
attablés devant des tables
basses, vous sirotez un bon
cocktail en jouant à des jeux de
société. Si un moment vous avez
l'âme solitaire, allez vous plonger
dans la collection de vieux Paris
Match, au fond de la salle.
Ambiance tamisée et gay.*

## 4e arrondissement

### Au Bourguignon du
Marais
19, rue de Jouy
M° Saint-Paul ou
Pont-Marie
☎ 01 48 87 15 40
Ouv. lun.-ven. 12h-23h
160-300 F la bouteille,

25-42 F le verre
Restauration 115 F à la
carte.
*Bordelais, s'abstenir ! Dans ce
bar à vins, autour d'une simple
table de bois, installé dans des
chaises en rotin, on ne goûte que
des crus bourguignons.*

### Au Petit Fer à Cheval
30, rue Vieille du Temple
M° Hôtel de Ville
☎ 01 42 72 47 47
Ouv. t. l. j. 9h-2h
Sandwiches 20-30 F.
*Dans un immeuble classé monu-
ment historique, ce vieux bistrot,
tout en miroirs et en lustres, possède un des derniers zincs de
Paris en forme de fer à cheval.*

### Enoteca
25, rue Charles-V
M° Saint-Paul
☎ 01 42 78 91 44
Ouv. t. l. j. 12h-24h
90-800 F la bouteille, 20-
45 F le verre.
*Une salle haute de plafond, avec
poutres apparentes et boiserie,
un service chaleureux, une carte
de 300 vins exclusivement italiens. Chaque semaine est propo-
sée une carte de sélection de
vins au verre : un apéritif, deux
blancs, cinq rouges, un rosé, et
un vin moelleux. L'Enoteca fait
aussi restaurant, avec une carte
hebdomadaire de cinq pâtes et
de trois plats à arroser d'un bon
petit vin !*

## 5e arrondissement

### Finnegans Wake
9, rue des Boulangers
M° Jussieu
☎ 01 46 34 23 65
Ouv. lun.-ven. 11h-2h,
sam.-dim. 18h-2h
25-35 F la pinte.
*Adel, Blanche, Guiness, Kinkenny,
ce pub sert toutes sortes de
bières dans une atmosphère un
peu sombre et très conviviale. Au
sous-sol, des groupes de blues et
de country animent la soirée du
vendredi. Inédit, le pub organise
les soirs de la semaine des cours
de langue (gaélique, gallois) à
19h30, et des lectures de poésie
le dimanche à 19h30 !*

## 6e arrondissement

### Le Bar
27, rue Condé

M° Odéon, Luxembourg
☎ 01 43 29 06 61
Ouv. le soir jusqu'à 3-4h
*Sous l'œil vigilant de bouddhas et
de statues chinoises, on sirote
des cocktails souvent uniques en
jouant aux échecs, aux dames ou
au bacgammon.*

### La Rhumerie
166, bd Saint-Germain
M° Mabillon
☎ 01 43 54 28 94
Ouv. t. l. j. 9h-2h
30 F le cocktail
*La maison existe depuis 1932, la
tradition perdure de père en fille.
On trouve ici toute sorte de cocktails à base de rhum, le planteur,
le daiquiri (rhum-jus de citron),
des punchs au lait. Côté brasserie, on trouvera des assiettes
d'acras et de boudins créoles
accompagnés d'un punch
pour 70 F.*

## 8e arrondissement

### Barfly
49-51 av. Georges V
M° Georges V
☎ 01 53 67 84 60
T. l. j. 12h-15h et 19h-2h,
f. sam. midi.
*En plein cœur du 8e arrondisse-
ment ce bar est l'endroit idéal
pour voir et être vu. Attention, les
prix sont ceux de l'avenue
Georges V...*

## 11e arrondissement

### Scarbo
1 bis, passage Saint-
Sébastien
M° Sébastien-Froissart
☎ 01 47 00 58 59
Ouv. lun.-ven. 10h-2h,
w.e. 18h-2h
Menu 50 F à midi, uni-
quement bar le soir.
*Repris récemment par des
jeunes, c'est un vieux café de
Paris, gardé en état et recherché
pour les tournages, dans un passage investi par des artisans
peintres. Au mur, des expos de
peintures ou de photos. Le menu
change tous les jours, et des soirées sont consacrées à des
concerts et à des lectures de
poésie.*

## 12e arrondissement

### Le Viaduc Café
43, av. Daumesnil

M° Gare de Lyon
☎ 01 44 74 70 70
Ouv. t. l. j. jusqu'à 3h du matin
Compter 100-150 F.
*Empruntez la coulée verte, jardin suspendu sur un ancien viaduc qui part de Bastille en direction du Bois de Vincennes. Au niveau de l'avenue, c'est le Viaduc des Arts. Sous les arcades, parmi les nombreuses boutiques d'artistes, faites halte dans ce café au milieu de votre promenade dominicale pour un Jazz Brunch.*

## 17e arrondissement

### James Joyce
71, bd Gouvion-St-Cyr
M° Porte Maillot
☎ 01 44 09 70 32
Ouv. t. l. j. 7h-24h
Bières 20-50 F.
*Qui dit James Joyce dit pub irlandais. Les jeunes Irlandais qui tiennent ce pub servent de la bière du pays. Une petite pinte en hommage au grand écrivain irlandais ?*

## 18e arrondissement

### L'Alibi
11, rue Lapeyrère
M° Jules Joffrin
☎ 01 42 52 23 50
Ouv. mar.-sam. 17h30-1h45
Boissons à partir de 12 F.
*Ancien magasin de bois et charbon du début du siècle, la brasserie a été conservée intacte avec ses 17 mètres de façade vitrée. On y sert bières, vins et rhum cubain que vous pourrez accompagner d'une salade, d'une assiette de charcuterie ou de fromages.*

### Café aux Noctambules
24, bd de Clichy
M° Pigalle
☎ 01 46 06 16 38
Ouv. t. l. j. sf dim. soir 9h-4h30.
*Pierre Carré, soir après soir, à partir de 22h, vous fera découvrir tout le répertoire français depuis 1900. On peut demander sa chanson préférée.*

### La Divette de Montmatre
136, rue Marcadet
M° Marcadet-Poissonniers

☎ 01 46 06 19 64
Ouv. lun.-sam. 12h-1h.
Bières à partir de 13 F.
*Un bar entièrement décoré de vieux vyniles, où se retrouvent, dans une chaude ambiance tous les habitués du quartier.*

### Le Sancerre
35, rue des Abbesses
M° Abbesses
☎ 01 42 58 08 20
Ouv. t. l. j. 7h30-2h
Assiettes charcuterie et fromage 50 F.
*Un ancien bistrot parisien, avec aux murs de vielles photos et instruments de musique. On peut y boire une grande variété de vins et de bières pression, mais c'est le cocktail cubain Morito qui y fait fureur.*

NOTES